JN254668

各種法人の **？**（はてな）に答える

現場が知りたい

マイナンバー実務対応

弁護士
佐藤有紀

公認会計士・税理士
李顕史

マンション管理士
日下部理絵

特定社会保険労務士
安中繁

社会保険労務士
久保田慎平

看護師 保健師 行政書士資格者
阿毛裕理

清文社

はじめに

　番号法（マイナンバー法）が施行されて、5か月が経過しました。内閣官房の特設サイトの拡充や各種コマーシャル等で、マイナンバー制度の概要は広く認知されてきたといえるでしょう。各事業者の皆様は、番号法や関連法令に従ってマイナンバーを適切に扱うため、社内規程の整備・見直し、セキュリティ対策の検討とシステム会社からの聞取り、社内研修等を行われたことと思います。

　その一方で、未だ番号法の段階的施行の中にあって追加情報が各省庁から発表される状況が続いています。また、マイナンバー等特定個人情報の取扱いにあたって、どのような組織体制が求められるのか、取扱規程はどのように定めればよいのか、どの程度のセキュリティが求められるのか等、マイナンバーの具体的運用については各事業者の判断にゆだねられる部分も多く残されています。そのため、「この書類には、まだマイナンバーを書かないほうがよいのか」「小規模なので全部紙媒体で管理することにしたが、どのような点に気をつければよいか」「管理状況の監査（確認）はどの程度の頻度で行うのがよいか」といった戸惑いの声をお聞きすることもあります。

　本書では、番号法の概要を解説した上で、番号法施行前後に執筆者らが実際に受けた質問・疑問を集めました。特に、医療、福祉、教育といった分野における各種法人、ＰＴＡやマンションの管理組合等の各種団体におけるマイナンバーの取扱いにおいて、一般の企業とは異なる場面はあるのか、あるとしたらどのような場面なのか、または非正規従業員や障がい者といった、新卒社員を正規雇用したような場合と異なる考慮要素はあるのか等の「マイナンバーをめぐるレアケース」ともいえる場面を取り上げました。

　番号法に関しては、預貯金口座への付番を含む平成27年法改正、さらに

検討が続いている医療等ＩＤとの連携、新たなビジネスチャンスにもなり得る民間利用の解放等、様々な見直しに向けて各関係機関で議論は続いており、期待と不安をもってその行方が見守られています。本書執筆時点（平成28年5月25日）では、その内容が確定していないものもありますが、読者の方々のご関心の高さを踏まえ、それらについても、可能な限り触れるようにしています。

　本書が、皆様のマイナンバー管理体制整備の一助、マイナンバーに関する疑問解決の一助となれば幸いです。

　最後になりましたが本書の刊行にあたっては、清文社の村本様、折原様をはじめとした皆様に大変お世話になりました。厚く御礼を申し上げます。

平成28年5月

執筆者を代表して　佐 藤 有 紀

マイナンバー利用・提供

マイナンバーの保管

マイナンバーの廃棄

マイナンバー制度の将来

第2章 マイナンバーの安全管理

事業者が講ずべき安全管理

基本方針

取扱規程

罰則の対象

第3章　会社以外の各種法人とマイナンバー

医療法人とマイナンバー

社会福祉法人とマイナンバー

第 4 章 判断に悩むレアケース

非正規雇用とマイナンバー

フリーランスとマイナンバー

認知症患者とマイナンバー

障がい者とマイナンバー

ホームレスとマイナンバー

【凡　例】

本書では、用語・法令・出典等を以下のように略記しています。

行政手続における特定の個人を識別するための番号の利用等に関する法律：番号法
行政手続における特定の個人を識別するための番号の利用等に関する法律施行規則：番号法施行規則
個人情報の保護に関する法律：個人情報保護法
区分所有法：建物の区分所有等に関する法律
寡婦福祉法：母子及び父子並びに寡婦福祉法

個人情報保護委員会「特定個人情報の適正な取扱いに関するガイドライン（事業者編）」（http：//www.
ppc.go.jp/files/pdf/160101_guideline_jigyousya.pdf）：ガイドライン（事業者編）
個人情報保護委員会「（別冊）金融業務における特定個人情報の適正な取扱いに関するガイドライン」
（http：//www.ppc.go.jp/files/pdf/160101_guideline_kinyuu.pdf）：ガイドライン（金融業務）
個人情報保護委員会「特定個人情報の適正な取扱いに関するガイドライン（事業者編）」及び「（別冊）
金融業務における特定個人情報の適正な取扱いに関するガイドライン」に関するＱ＆Ａ（http：//www.
ppc.go.jp/files/pdf/280426_guidelineqa.pdf）：ガイドライン（事業者編）及びガイドライン（金融業務）
Q&A
内閣官房ホームページ「マイナンバー社会保障・税番号制度」（http：//www.cas.go.jp/jp/seisaku/ban-
goseido/index.html）：内閣官房「マイナンバー社会保障・税番号制度」
内閣官房ホームページ「マイナンバー社会保障・税番号制度」内「よくある質問（ＦＡＱ）」（http：//
www.cas.go.jp/jp/seisaku/bangoseido/faq/）：内閣官房「よくある質問」
総務省ホームページ「マイナンバー制度とマイナンバーカード」（http：//www.soumu.go.jp/kojinbango
_card/index.html）：総務省「マイナンバー制度とマイナンバーカード」
国税庁ホームページ「社会保障・税番号制度〈マイナンバー〉について」内「法人番号に関するＦＡ
Ｑ」（https：//www.nta.go.jp/mynumberinfo/FAQ/houjinbangoukankeifaq.htm）：国税庁「法人番号
に関するＦＡＱ」
国税庁ホームページ「社会保障・税番号制度〈マイナンバー〉について」内「番号制度概要に関する
ＦＡＱ」（https：//www.nta.go.jp/mynumberinfo/FAQ/gaiyou.htm）：国税庁「番号制度概要に関す
るＦＡＱ」
国税庁ホームページ「社会保障・税番号制度〈マイナンバー〉について」内「源泉所得税関係に関す
るＦＡＱ」（https：//www.nta.go.jp/mynumberinfo/FAQ/gensen.htm）：国税庁「源泉所得税関係に
関するＦＡＱ」
国税庁ホームページ「社会保障・税番号制度〈マイナンバー〉について」内「法定調書に関するＦＡ
Ｑ」（https：//www.nta.go.jp/mynumberinfo/FAQ/houteichosho.htm）：国税庁「法定調書に関する
ＦＡＱ」

本書は平成28年5月25日現在内容となっています。ただし、平成28年6月1日に発表された消費税
増税を延期する方針についてふまえたものとなっております。

第1章

マイナンバー制度の概要

制度の目的等

Q1

マイナンバー制度とは何ですか？

A

　「マイナンバー制度」とは、住民票を有する国民すべてに、それぞれ異なる12桁の個人番号（マイナンバー）をつけ、その番号で社会保障や税、災害対策の分野をトータルに管理していく、いわゆる「国民背番号制度」と呼ばれる制度です。

解説

　マイナンバーは、行政を効率化し、国民の利便性を高め、公平かつ公正な社会を実現する社会基盤ともいえ、期待される効果としては、以下のとおりです。

1 マイナンバー制度導入で期待される効果

（1）　国民の利便性の向上

　今まで、市区町村や税務署、年金事務所等複数の機関で入手・添付しなくてはならなかった必要書類が、マイナンバー制度の導入後は不要となる等各種行政手続が簡潔になっています（例えば、国民年金の第3号被保険者の認定と健康保険の被扶養者の認定の手続の際に課税証明書等の添付が不要となります。ただし、日本年金機構におけるマイナンバーの利用については延期となっています（http : //www.nenkin.go.jp/mynumber/kikoumynumber/1224.html）。また、各企業年金基金におけるマイナンバーの取扱いについては各企業年金ごとに取扱

いが異なる可能性があるので、各事業者の担当者から企業年金基金に問い合わせるようにしましょう）。

　また、行政機関から本人や家族に対するサービス情報等のお知らせを受け取ることも可能になる等、国民の利便性が向上する効果があるといわれています。

(2)　行政の効率化

　マイナンバー制度の導入後、国や地方公共団体の間で情報連携が始まると、行政機関での手続時にマイナンバーの申請書への記載等がなされますので、これにより、今まで相当な時間がかかっていた様々な情報の照合が正確かつスムーズに行え、時間や労力が大幅に削減されることになります。

(3)　公平・公正な社会の実現

　国や地方公共団体は、国民の所得状況や行政サービスの受給状況等が把握しやすくなるため、税や社会保障の負担を不当に免れることや不正受給の防止、さらに本当に困っている方へのきめ細かな支援が可能になります。

2　マイナンバー制度が利用される分野

　国の行政機関や地方公共団体等において、マイナンバーは「社会保障」「税」「災害対策」の分野で利用されます。

　具体的には、平成28年1月から順次、年金・雇用保険・医療保険の手続、生活保護・児童手当その他福祉の給付等社会保障に関する手続、税務当局に提出する確定申告等の税の手続、被災者生活再建支援金の給付時の申請書等にマイナンバーの記載が求められます。

　また、税や社会保険の手続については、個人にかわって事業主や証券会社、保険会社（証券取引を行っていたり、保険に加入していたりする場合）等が手続を行う場合もあるので、勤務先の他、証券会社、保険会社等の金融機関にもマイナンバーの提出を求められる場合があります。

つまり、マイナンバー制度の導入後、マイナンバーは、社会保障・税・災害対策の分野で効率的に情報を管理し、複数の機関が保有する個人の情報が同一人の情報であることを確認するために利用されます。

マイナンバーの使用例

提出先	利 用 方 法
市区町村	本人が毎年6月の児童手当の現況届の際に市区町村にマイナンバーを提示
年金事務所	厚生年金の裁定請求の際に年金事務所にマイナンバーを提示（日本年金機構におけるマイナンバーの利用は延期となっています）
金融機関	本人が証券会社や保険会社等にマイナンバーを提示し、法定調書等に記載
勤務先	本人が勤務先にマイナンバーを提示し、源泉徴収票等に記載

ただし、マイナンバーは社会保障・税・災害対策のなかでも、法律や自治体の条例で定められた行政手続以外は、使用することができません。

将来的には、この番号に個人の預貯金や投資信託、証券口座、積立型・年金型保険、死亡保険等の資産情報がリンクされていく予定になっています（Q3参照）。

社会保障	・年金	・年金の資格取得や確認、給付
		（※日本年金機構におけるマイナンバーの利用は延期となっています）
	・労働	・雇用保険の資格取得や確認、給付
		・ハローワークの事務
	・医療	・医療保険の給付の請求
	・福祉	・福祉分野の給付、生活保護　等
税		・税務当局に提出する申告書、届出書、調書等に記載
		・税務当局の内部事務　等
災害対策		・被災者生活再建支援金の支給
		・被災者台帳の作成事務　等

出典：総務省「マイナンバー制度とマイナンバーカード」内「マイナンバー制度について」

（http：//www.soumu.go.jp/kojinbango_card/01.html）

内閣官房「マイナンバー社会保障・税番号制度」内「マイナちゃんのマイナンバー解説」

（http：//www.cas.go.jp/jp/seisaku/bangoseido/gaiyou.html）

Q2

「個人番号」「通知カード」「マイナンバーカード」とは何ですか？

A

　「個人番号」とは、住民票を有するすべての国民に対して付される、1人一つの12桁の番号です。マイナンバーともいいます。

　「通知カード」とは、個人番号、氏名、住所、生年月日、性別等が記載され、透かし等の偽造防止技術が施されたマイナンバーを通知する、紙のカードをいいます。

　「マイナンバーカード」（個人番号カード）とは、本人の申請で、「通知カード」と引き換えに取得できる、氏名、住所、生年月日、性別等の記載と顔写真が表示されるＩＣチップ付のプラスチックカードをいいます。

解説

1 「個人番号」とは

　マイナンバー制度では、住民票を有する国民すべてに、住所地の市区町村から1人一つの12桁の数字からなる番号が指定されます。この番号のことを個人番号またはマイナンバーといいます。

　原則として、一度、指定されたマイナンバーは、漏えい等で不正に用いられるおそれがある場合を除き、生涯変わりません。このマイナンバーにより、国の行政機関や地方公共団体等における社会保障・税・災害対策の分野の行政手続がトータルに管理されることになりました。

　さらに、行政機関においてはそれぞれの分野で保有する個人情報とマイナンバーとを紐付けて効率的に情報管理を行い、このマイナンバーを活用して、同一の者に関する個人情報を他の機関との間で迅速かつ確実にやり取り（情報連携）することができるようになります。例えば、国民年金保険料の免除、高額療養費の決定、未支給年金の請求等があります。

マイナンバー制度利用の比較

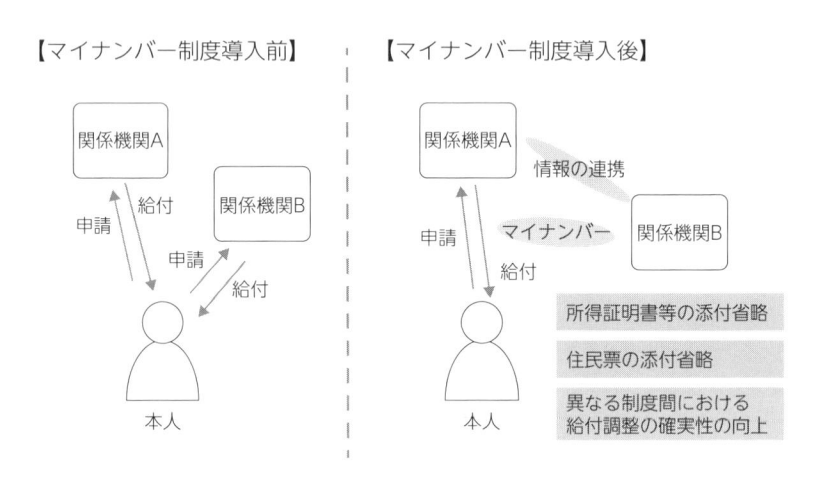

なお、マイナンバー制度導入によって情報を「一元管理」するようなことはなく、情報管理にあたっては、今まで各機関で管理していた個人情報は引続きその機関が管理し、必要な情報を必要なときだけやり取りする「分散管理」の仕組みを採用しています。

つまり、特定の共通データベースを作らないため、そこから情報漏えいすることはありません。

分散管理のイメージ図

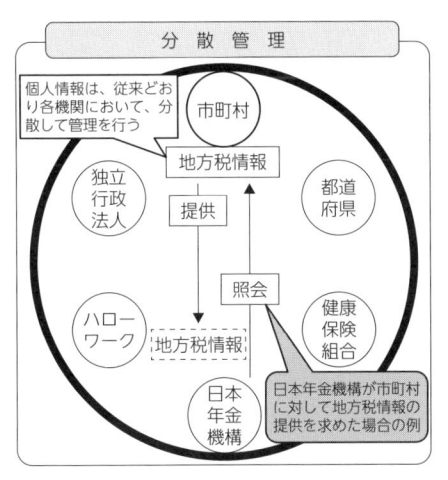

出典：内閣官房「よくある質問」

2 「通知カード」とは

　住民にマイナンバーを通知するもので、マイナンバー、住所、氏名、生年月日、性別等が記載され、透かし等の偽造防止技術が施された紙のカードのことをいいます。

　平成27年10月中旬以降、住民票を有するすべての住民に対して、世帯ごとに簡易書留によって発送されています。個人番号関係事務取扱実施者である民間事業者には、平成28年１月から順次、社会保障・税・災害対策における各種手続に、本人確認とともにマイナンバーの確認・記載が求められていますので、各個人もそれに対応してマイナンバーの提出が必要となります。その際には、この通知カードまたはマイナンバーカードを参照することになります。

　また、後述のマイナンバーカードの交付を受ける際には、通知カードの返却が必要であるため、取得した通知カードは大切に保管する必要があります。

なお、通知カードに有効期限はありません。

　この通知カードには　顔写真は記載されておらず、通知カードを使用しての番号確認と本人確認（身元確認）を同時に行うことはできません。通知カードとは別に運転免許証やパスポート等の本人確認書類が必要です。つまり、あくまで通知カードは、番号確認のみに利用でき、一般的な本人確認の手続に用いることはできません。番号確認と本人確認を1枚で行いたい場合は、❸で説明するマイナンバーカードを申請のうえ、交付を受けると便利でしょう。

通知カードの見本

 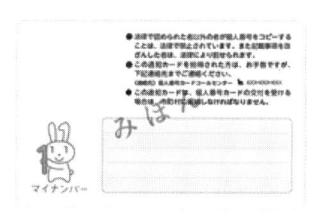

表　　　　　　　　　　　　　　　裏

出典：総務省「マイナンバー制度とマイナンバーカード」内「通知カード」

(http://www.soumu.go.jp/kojinbango_card/02.html)

3 「マイナンバーカード」とは

　マイナンバー、住所、氏名、生年月日、性別の他に、顔写真が掲載され、1枚でマイナンバーの確認と本人確認の際の公的な身分証明書として利用できるプラスチック製のチップ付ICカードをいいます。

　平成28年1月から、本人の申請によりマイナンバーカードの交付が開始されています。交付手数料は、当面の間は無料（本人の責による再発行の場合を除きます）になっています。

(1) 「マイナンバーカード」利用時の注意点

金融機関等の本人確認が必要な際の身分証明書として利用できますが、このマイナンバーカードを身分証明書として取り扱うかどうかは、最終的に各事業者側の判断になるため、一部の事業者では利用できない場合もあります。

また、マイナンバーをコピーし、保管できる事業者は、雇用主、一定の金融機関等が、番号法所定の手続に利用する場合に限定されています。それ以外の場面、例えばレンタルショップやスポーツクラブが会員登録をする際に、当該窓口においてマイナンバーカードの裏面コピーや保管をすることはできません。

(2) 「マイナンバーカード」の記載事項

マイナンバーカードの見本

　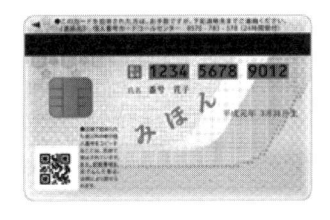

表　　　　　　　　　　　　　　裏

出典：総務省「マイナンバー制度とマイナンバーカード」内「マイナンバーカード」

(http://www.soumu.go.jp/kojinbango_card/03.html)

マイナンバーカードの表面には、以下の事項が記載されています（通知カードについては①〜④のみ）。

① 氏名（通称名については Q76参照）

② 住所

③ 生年月日

④ 性別

⑤ 顔写真

⑥ 電子証明書の有効期限の記載欄

⑦ セキュリティコード

⑧ サインパネル領域（券面の情報に修正が生じた場合、その新しい情報を記載
（引越した際の新住所等））

⑨ 臓器提供意思表示欄

　なお、マイナンバーは、裏面に記載されています。

(3)　「マイナンバーカード」の交付を受けるメリット

　今後、マイナンバーカードで様々な行政サービスを受けることができると
されています。また、マイナンバー制度導入後順次、就職、出産育児、高額
医療費請求、年金受給、災害等の場面でマイナンバーの提示が必要となります。

　その際、通知カードの場合は、運転免許証やパスポート等の本人確認書類
も必要ですが、マイナンバーカードであれば、1枚で番号確認と本人確認が
可能です。

　その他、マイナンバーカードの交付を受けるメリットは、以下のとおりです。

① 本人確認の際、公的な身分証明書として利用できる。

② 市区町村や国等が提供する様々なサービスについて、サービスごとに必
要だった複数のカードをマイナンバーカードで一体化することができる。

③ 平成29年1月から開始されるマイナポータルへのログインをはじめ、各
種の行政手続のオンライン申請に利用できる。

④ オンラインバンキングや民間の各種オンライン取引に利用できる。

⑤ コンビニ等で住民票、印鑑登録証明書等の公的な証明書を取得できる（各
自治体により内容は異なります）。

マイナンバーカードのメリット

各種行政手続の オンライン申請 が可能に	・行政の効率化 ・手続漏れによ る損失の回復	マイナポータルへのログインをはじめ、各種の行政手続のオンライン申請に利用可能
本人確認の際の 公的な身分証明 書として利用可 能	なりすまし被害 の防止	個人番号の提示と本人確認が同時に必要な場面では、１枚で済む また、口座開設、パスポートの新規発給、フィットネスクラブの入会等、様々な場面で利用可能
各種民間のオン ライン取引／口 座開設が可能に	オンラインバン キング等を安全 かつ迅速に利用	オンラインバンキングをはじめ、各種の民間のオンライン取引に利用可能
付加サービスを 搭載した多目的 カード利用可能	将来的には様々 なカードがマイ ナンバーカード に一元化	市町村等は、印鑑登録証、図書館カード等として利用可能 国は健康保険証、国家公務員身分証の機能搭載を検討中
コンビニ等で各 種証明書が取得 可能に	住民の利便性向 上、市町村窓口 の効率化	報道によれば平成28年度中に、導入市町村は約300に増加し、約6,000万人が利用できることとなる予定

コラム　マイナンバーカードと個人番号カード

　マイナンバーカードの正式名称は「個人番号カード」といいます。平成28年2月5日に総務省が「親しまれやすい名前」にして普及につなげる目的で呼び名を「マイナンバーカード」に変更しました。

　今までも国や地方自治体のイベント等で、マイナンバーカードと呼

ばれたり個人番号カードと呼ばれたりしていたこともあったようです。

　本書の中では「マイナンバーカード」と呼び名を統一して説明していきます（ただし、法令の引用等正式名称を用いるべき箇所は除きます）。

出典：朝日新聞デジタル平成26年2月10日
(http : //www.asahi.com/articles/ASJ2944MQJ29ULFA00X.html?ref=newspicks)

Q3

番号法は段階的に施行されると聞きましたが、いつ、何が導入されるのですか？

A

　番号法は、段階的に施行されます。まず、平成27年10月からマイナンバーが通知され、平成28年1月からは、年金・雇用保険・医療保険の手続、生活保護・児童手当の給付等社会保障に関する手続、税務当局に提出する確定申告等の税の手続、被災者生活再建支援金の給付時の申請書といった社会保障・税・災害対策の分野において行政機関等に提出する書類へのマイナンバーの記載が始まりました。

　また、平成29年1月からは、マイナポータルの運用等が始まります。

解説

　平成25年5月に成立した「行政手続における特定の個人を識別するため

の番号の利用等に関する法律」の段階的施行によって、平成27年10月より12桁のマイナンバーが国民1人1人の住民票の住所に簡易書留で郵送通知されています。

マイナンバー制度スケジュールの概略

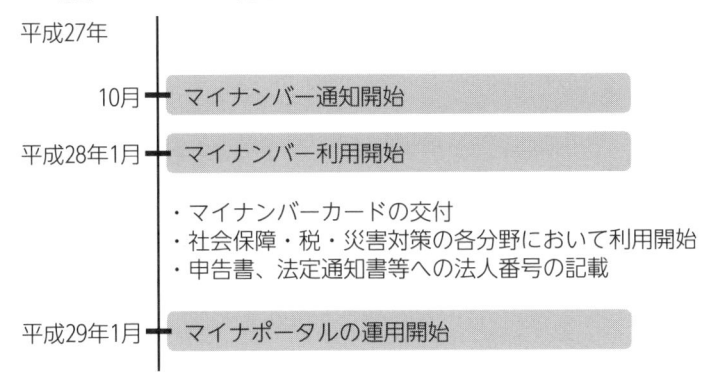

平成27年

10月 ── マイナンバー通知開始

平成28年1月 ── マイナンバー利用開始

・マイナンバーカードの交付
・社会保障・税・災害対策の各分野において利用開始
・申告書、法定通知書等への法人番号の記載

平成29年1月 ── マイナポータルの運用開始

1 今後のスケジュールについて

　マイナンバーの利用は、平成28年1月以降順次、社会保障・税・災害対策の分野において行政機関等で提出する書類にマイナンバーの記載が必要となります。

　具体的には、年金・雇用保険・医療保険の手続、生活保護・児童手当の給付等社会保障に関する手続、税務当局に提出する確定申告等の税の手続、被災者生活再建支援金の給付時の申請書等、行政機関等に提出する書類にマイナンバーを記載する必要があります。

　また、マイナポータルの運用も始まります（Q7参照）。なお、社会保障の分野では、平成29年1月から厚生年金や健康保険に関する書類にマイナンバーの記載が必要です（ただし、日本年金機構におけるマイナンバーの取扱いは当分延期されます）。

マイナンバー制度導入後に検討されているロードマップ案

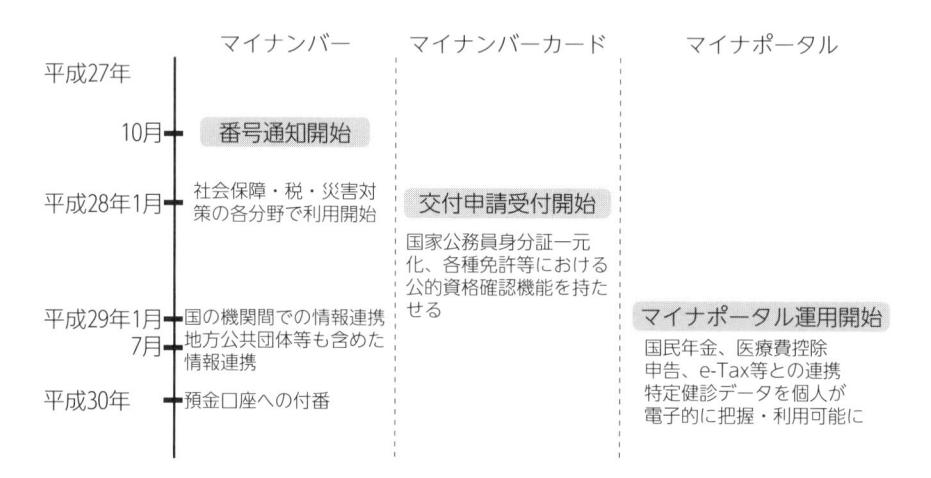

2 行政機関での連携について

　また、マイナンバー制度の導入により、平成29年1月からは国の行政機関の間で、平成29年7月からは、地方公共団体と他の行政機関との間での情報提供ネットワークシステムを利用した情報の連携が始まります。

　ただし、現時点でマイナンバーが使用されるのは、原則、法律や条例で定められる社会保障・税・災害対策の分野に限られるため、それ以外の分野の行政手続では、引き続き住民票の写し等の添付が必要になります。

　なお、戸籍はマイナンバーの利用対象に入っていないため、マイナンバーの利用が始まった以後についても従来どおりパスポート取得の際等には戸籍謄本を提出する必要があります。

3 平成27年改正について

　政府による新IT戦略である「世界最先端IT国家創造宣言」等をふまえ、

さらなる効率化や利便性の向上が見込まれる分野にマイナンバーの利用範囲を拡大するために改正が行われました。

　具体的には、担い手である地方公共団体等の要望をふまえ、制度基盤の活用を図るべく、以下の整備が行われています（内閣府「個人情報の保護に関する法律及び行政手続における特定の個人を識別するための番号の利用等に関する法律の一部を改正する法律案（概要）」）。

（1）　預貯金口座へのマイナンバーの付番

　平成30年を目途に、預金保険機構等によるペイオフのための預貯金額の合算での利用、金融機関に対する社会保障制度における資力調査や税務調査でマイナンバーが付された預金口座の情報が利用されることになります。

　それに伴い、預金口座を開設する際、マイナンバーの登録を促されることになるでしょう。ただし、当面はマイナンバーの登録は任意で、強制力はないといわれています。

　なお、ここでいう「預金口座」は銀行のものだけではなく、預金保険法2条に定められた以下の金融機関のものすべてに該当します。

- ・銀行
- ・長期信用銀行
- ・信用金庫
- ・信用協同組合
- ・労働金庫
- ・信用金庫連合会
- ・信用協同組合連合会
- ・労働金庫連合会
- ・株式会社商工組合中央金庫

(2)　医療等分野における利用範囲の拡充等

平成29年7月以降、健康保険組合等が行う被保険者の特定健康診査情報の管理や予防接種履歴等について、地方公共団体での情報ネットワークシステムを利用した情報連携を可能にするとされています。

(3)　地方公共団体の要望をふまえた利用範囲の拡充等

すでに低所得者向けの公営住宅の管理にはマイナンバーの利用が可能です。これに加えて、中所得者向けの特定優良賃貸住宅の管理においても利用できることとしました。また、地方公共団体が条例によって、情報提供ネットワークシステムを利用した情報連携も可能としています。

さらに、地方公共団体の要望等をふまえ、雇用や障がい者福祉等の分野においての利用事務、情報連携が利用範囲に追加されます。

4　民間利用について

番号法施行時において、マイナンバーの利用は、社会保障・税・災害対策の分野に限られるため、民間事業者等が正当な目的なくマイナンバーを収集すれば、刑事罰が課されます（刑事罰については Q43参照）。

今後のマイナンバーの民間利用については、番号法施行後3年を目途にその段階での施行状況等をふまえ、検討を加えたうえで、利用の必要があると認めた場合に国民の理解を得ながら、所要の措置を講じることとされています。詳しくは Q33をご参照ください。

コラム　マイナンバーカードの有効期限は5年間？

マイナンバーカードの有効期限は10年間とされています（Q6参照）。実際、マイナンバーカードの表面には有効期限が10年後の日付が記載されています。ところがマイナンバーカードの一部は、有効期限が

5年なのです。マイナンバーカードにはICチップが内蔵されており電子証明書の機能を有しています。この電子証明書の有効期限は5年間なのです。有効期限を延長するためには、誕生日前3か月以内に市区町村に訪問し、電子証明書のパスワードを変更する必要があります。パスワードを変更しないと、電子証明書が失効してしまうのです。

　電子証明書が失効してしまうと、マイナンバーカードを利用してコンビニで住民票を取得できない等不便が生じる可能性があります。したがって、マイナンバーカードに記載されている有効期限だけをみて10年間利用できると勘違いしていたら、電子証明書が失効しており実はコンビニで住民票を発行できなかったということにもなりかねません。なお、電子証明書が失効したら再度、市区町村で電子証明書を付す必要があります。

　このように電子証明書の有効期限は5年間なので、有効期限が切れる前に忘れずにパスワードの変更手続を行いましょう。

制度の対象等

Q4

番号法と個人情報保護法は、どこが違うのですか？

A

　番号法は、個人情報保護法の特別法です。特別法というのは、例外を規定した法律のことをいいます。当初、番号法は、個人情報保護法の改定版として予定されていましたが、個人情報保護法の所轄である消費者庁ではなく、内閣府の新法として制定されました。

解説

1 番号法と個人情報保護法の共通点

　番号法は、個人情報保護法の特別法であり、両者は密接な関係にあります。特定個人情報（マイナンバーを含む個人情報）が含まれていない個人情報については、個人情報保護法を適用することになり、特定個人情報には番号法で、①個人情報保護法の適用が排除され番号法のみが適用される旨の記載があれば番号法が適用され、②そのような規定がなければ個人情報保護法が、重畳的に適用されます。

　例えば、マイナンバーが記入された書類には、番号法および個人情報保護法の一部の規定が適用され、マイナンバーを判読不能にした書類には、個人情報保護法のみが適用されることになります。つまり、番号法は、基本的に個人情報保護法を前提としつつ、後述のように、適用となる事業者の範囲を広げ、また利用制限等において個人情報保護法よりも厳格なルールを課しているといえます。また、罰則に関しても同様のことがいえます。

2 番号法と個人情報保護法の相違点

(1) 全事業者が対象

　個人情報保護法では、過去6か月以内のいずれの日においても5,000を超える個人データの取扱いがない事業者については適用除外になりますが（ただし、平成27年個人情報保護法改正により、係る適用除外は廃止されました。この改正が施行されるのは改正から2年以内とされています）番号法では、個人事業主等も対象となりどのような事業者であっても対象になります。

(2) 厳しい利用制限

　個人情報保護法では、利用目的を特定する必要性がありますが、利用範囲には制限を設けられていません。これに対して、番号法では、そもそもマイナンバーを利用してもよい利用範囲が明確に定められ、厳しく利用制限を課されています。利用範囲を正確に把握して、取扱いに留意する必要があります。

(3) 本人の承諾

　個人情報保護法では、あらかじめ本人の承諾が得られれば、当初の利用目的以外にも個人情報を利用することができます。しかし、番号法では、本人の承諾を得たとしても、法律で定められた手続以外は一切利用ができません。

　また、第三者への情報提供についても、個人情報保護法では本人の承諾を得られれば第三者に提供できますが、番号法では例え本人の承諾があったとしても、特定個人情報を第三者に提供することはできません。個人情報と特定個人情報を混同せずに理解・管理しましょう。

(4) 安全管理措置の義務範囲

　個人情報保護法では、生存者の情報について安全管理が求められていますが、番号法では、死者についても安全管理が義務付けられているので注意が必要です。

(5) 委託先の監督義務

　個人情報保護法でも委託先についての監督義務はありますが、番号法では、

委託先のみならず再委託先、再々委託先についても、委託元である事業者が定める取扱規程に基づく安全管理措置が講じられているかについて監督責任があることを明確に定められています。

このため、これまでの委託先等にマイナンバーの取扱いも委託することとする場合は、契約内容を見直す必要があります。

(6)　取締りの強化

個人情報保護法では、法令違反行為があった場合の行政等による立入調査権限が認められていませんが、番号法では、特定個人情報保護委員会による立入調査が認められています（ただし、平成27年個人情報保護法改正が施行された後は、個人情報保護委員会による立入調査が認められることになります）。

個人情報保護法でも監督官庁からの命令違反や虚偽の報告等に罰金等が設けられていますが、番号法では、罰則の種類が多くその内容もより強化されています。漏えい等が起こらないよう、十分な対策を講じる必要があります。

個人情報保護法と番号法の比較表

	個人情報保護法	番 号 法
保護対象	個人情報 （個人を特定できる情報）	個人情報および特定個人情報 （マイナンバーを含む個人情報等）
適用外事業者	過去6か月以内のいずれの日においても個人情報の取扱件数が5,000を超えない事業者	なし （個人事業主を含む、全事業者が対象）
利用制限	利用目的の特定は必要、しかし利用範囲に制限はない	番号法で利用範囲が制限されている

利用目的外の利用	本人の承諾等である程度は、認められている	厳しく制限されており、本人の同意があっても不可
収集の制限	収集自体の制限はなし 適正取得、取得時通知の定めがある	提供が認められる場合のみ、提供を要求し、収集することができる
提供制限	原則本人の承諾なしには不可	厳しく制限され、本人の同意があっても不可
安全管理措置の義務	生存者の個人情報が対象	死亡者のマイナンバーも対象
廃棄	制限なし	収集・保管制限
委託	委託先にも監督義務がある	委託先、再委託先にも監督義務がある
行政等による立入調査権限	なし	あり （特定個人情報保護委員会）
罰則	虚偽の報告等に限定される	個人、法人に対して罰則が強化されている

Q5

引越しで住所が変わった場合、どのような手続が必要ですか？

A

市区町村の窓口で、マイナンバーの通知カードもしくはマイナンバーカードの住所変更の手続をする必要があります。その他、記載事項である氏名等が変わった場合も同様の取扱いになります。

解説

通知カードもしくはマイナンバーカードには、住民票に記載されている、氏名・住所・生年月日・性別・個人番号が記載されています。住所の異動や婚姻等によって氏名の変更等があった場合、変更後の内容を市区町村の窓口へ届け出る必要があります。

政府は平成31年以降、マイナンバーの利用を行政分野での拡大や民間事業者でビジネス活用に推進する方針があると公表しています。この政府が計画するマイナポータル機能の一つであるワンストップサービスが始まると、以下のように、行政機関ごとに必要となる変更手続が住民票の移転（変更）手続を済ませることで、自動的に一度に済ませることができ、その際に準備する書類も減らせるようになるといわれています。

引越しの際に住所変更を伴う以下のような申請を一つ一つ行わなくて済むようになります。

住所変更に伴い必要な手続例

運転免許証	都道府県公安委員会	住民票の移転により自動的に変更
自動車登録	地域の運輸局	
パスポート	都道府県旅券窓口	

なお今後、電力・ガス・水道等の公共サービス事業者にネットワークが開放される可能性もあります。一方、どの個人情報までを紐付けるのかは、プライバシー保護の観点からも慎重に検討がなされています。

Q6

「住基カード」と「マイナンバーカード」は、どのように違うのですか？

A

住民基本台帳カード（住基カード）とマイナンバーカードは大きく二つの点が異なります。

まず、利用用途が異なります。住基カードは住民票の発行や確定申告時の税務署へ提出するための電子申告等、目的が限定されていました。しかし、マイナンバーカードは民間にも開放が予定され、利用用途が大きく広がります。例えば、引越し時の電気・ガス・水道の移転・転居手続がマイナンバーカードがあると一括でできるようになると想定されています。

また、行政の手続をスムーズに行うことができるようになる点も住基カードとマイナンバーカードとが異なるところです。

解説

マイナンバーカードは住基カードよりも、以下のように利用用途が広がります。

・有効期限は住基カードの5年から10年に延長

・顔写真が入り、公的な身分証明として使える

・各種民間に開放・オンライン取引（想定）

また、住基カードと比較して、マイナンバーカードにはより多くの情報が記載されます。マイナンバーカードの表面には、以下の九つの情報が記載されています（住基カードは原則①〜⑤のみ。なおマイナンバーカードにおける通称名については Q76参照）。

① 氏名

② 住所

③ 生年月日

④ 性別

⑤ 顔写真

⑥ 電子証明書の有効期限の記載欄

⑦ セキュリティコード

⑧ サインパネル領域（券面の情報に修正が生じた場合、その新しい情報を記載（引越した際の新住所等））

⑨ 臓器提供意思表示欄

　また、顔写真がついており、本人確認を１枚で行うことができます。写真付の身分証明書としても使用できる他、搭載されているＩＣチップを利用して図書館カードや印鑑登録証等地方公共団体が定めるサービスにも利用でき、税の電子申請等が行える電子証明書も標準搭載されます。本人確認については Q16 を参照してください。

　なお、住基カードの発行は平成27年12月で終了していますが、住基カードの有効期間内であれば、平成28年１月以降もマイナンバーカードを取得できるまでは利用可能です。

住基カードとマイナンバーカードの比較

	住民基本台帳カード	マイナンバーカード
券面の記載内容	住民票コードの券面記載なし 顔写真は選択制	マイナンバーを券面に記載（裏面） 顔写真を券面に記載
電子証明書	署名用電子証明書（e-Tax での確定申告等の電子申請に使用）	署名用電子証明書 利用者証明用電子証明書（新規）（コンビニ交付やマイナポータルのログイン等、本人であることの認証手段としての使用）
手数料（電子証明書）	主に500円 （電子証明書を掲載した場合は1,000円）	無料（電子証明書）含む 再発行は有料
有効期間	発行日から10年	発行日から申請者の10回目の誕生日まで（ただし、20歳未満の者は容姿の変化が大きいので、申請者の５回目の誕生日まで） ※電子証明書（署名用・利用者証明用）は発行日から５回目の誕生日まで
利便性	身分証明書としての利用が中心 市区町村による付加サービスの利用（コンビニ交付、図書館利用等）	身分証明書としての利用 マイナンバーを確認する場面での利用（就職、転職、出産育児、病気、年金受給、災害等） 市区町村、都道府県、行政機関等による付加サービスの利用（図書館利用等の他、健康保険証、国家公務員身分証等） コンビニ交付利用の拡大（利用者証明用電子証明書の活用による） 電子証明書による民間部門を含めた電子申請・取引等における利用

Q7

「マイナポータル」とは何ですか？

A

　「マイナポータル」とは、「情報提供等記録開示システム」という名称のネットワークシステムの愛称です。行政機関によるマイナンバーが付された自分の情報のやり取りを確認することができます。また、行政機関が保有する自分に関する情報や、行政機関から自分に対しての必要な通知をパソコンで確認できます。

解説

1 マイナポータルのメリット

　今までどの行政機関からどのような通知が来るのか、個人で一括して把握するのは難しいことでした。しかし、マイナポータルの活用により、これが可能になります。

　マイナポータルを利用する具体的なメリットは、例えば、各種社会保険料の支払金額や確定申告等を行う際に参考となる情報の入手が行えるようになること等が挙げられます。また、納税等の決済をキャッシュレスで電子的に行うサービスも検討されています。

　なお、なりすましの防止等、情報セキュリティに十分に配慮する必要があることから、マイナポータルを利用する際は、マイナンバーカードのICチップに格納された電子情報とパスワードを組み合わせて確認する公的個人認証を採用し、本人確認を行うための情報としてマイナンバーを用いない仕組み

が検討されています。

　ただし、ICチップ入りのマイナンバーカードを持っていれば、すぐにマイナポータルにアクセスできるわけではありません。カードリーダー（内閣官房のホームページによると、このカードリーダーは、市販されているカードリーダーでの対応が予定されています）が必要です。またパソコンがない人のために、公的機関に端末を用意する等の配慮もなされる予定です。

2 マイナポータルへのアクセス方法

　タブレット端末やスマートフォン等からもマイナポータルを利用できるようになると発表されています。

　マイナンバーカードを取得せず、マイナポータルを利用できなくても、自分の情報を確認できる方法として、別途情報保有機関に「書面による開示請求」をする方法が考えられるとしています。マイナポータルは平成29年1月から利用できる予定です。

マイナポータルの利用想定

項　　目	内　　容
情報提供等記録表示	自分の特定情報をいつ、誰が、なぜ情報提供したのかを確認する機能（番号法附則6条5項）
自己情報表示	行政機関等が持っている自分の特定個人情報について確認する機能（番号法附則6条6項1号）
プッシュ型サービス	1人ひとりにあった行政機関等からのお知らせを表示する機能（番号法附則6条6項2号）
ワンストップサービス	行政機関等への手続を一度で済ませる機能（番号法附則6条6項3号）

Q8

「法人番号」とは何ですか？

A

　法人番号とは、法人を識別するために付された固有の番号です。法務局で発行される全部事項証明書に付されている会社法人等番号とは異なるものです。また、個人のマイナンバーは12桁ですが、法人番号は13桁です。法人番号は、税務署に提出する申告書や申請・届出書、例えば法人税の申告書に記載する必要があります。

解説

1 個人のマイナンバーとの相違点

　個人のマイナンバーと法人番号の主な相違点は、以下のとおりです。

個人のマイナンバーと法人番号の相違点

	個　　人	法　　人
番号	12桁	13桁
特徴	利用範囲が社会保障・税・災害対策の場面に限定	利用範囲に制限なし 法人番号はネットで検索可能
管理	セキュリティ対策の必要あり	セキュリティ対策の必要なし
主体	市区町村が付す	国税庁が付す
民間	民間への開放を検討中	民間で自由に利用してよい
確認	提供を受ける際、要本人確認	特になし

　法人番号が付されるのは、株式会社だけとは限りません（Q11参照）。①国の機関、②地方公共団体、③これら以外の法人または人格のない社団等であって、法人税・消費税の申告納税義務または給与等に係る所得税の源泉徴収義務を有することとなる団体に法人番号が付されます。

　なお、①〜③以外の法人番号を指定されない法人または人格のない社団等であっても、個別法令で設立された国内に本店を有する法人や、国税に関する法律に基づき税務署長等に申告書・届出書等の書類を提出する団体等の一定の要件に該当するものは、国税庁長官に届け出ることによって法人番号の指定を受けることができます（Q11参照）。

　なお、法人番号は1法人に対し1番号のみ指定されます。したがって、支店や事業所等には法人番号は指定されませんし、個人事業主に対しても、法人番号は指定されません。

2　法人番号の特徴

　また、法人番号自体には、個人のマイナンバーと異なり利用範囲の制約がありません。法人番号は国税庁法人番号公表サイトで公開され、誰でも自由に利用することができます。ここで公表される情報は、法人番号の指定を受けた団体の①商号または名称、②本店または主たる事務所の所在地、③法人番号の3項目（基本3情報）です。法人番号の指定を受けた後に、商号や所在地等に変更があった場合には、公表情報を更新する他、変更履歴も併せて公表される予定です。ただし、法人番号の指定を受けた団体のうち、人格のない社団等の公表については、国税庁長官がその代表者または管理人の同意を得なければならないとされています。そのため、公表に対して当該同意をした人格のない社団等についてのみ、上記①から③の基本3情報が公表されることになります。

　法人番号は、平成28年1月以降に利用が開始されています。例えば、税

務署に提出する法人税の申告書では、平成28年1月1日以降に開始する事業年度に係る申告書から法人番号を記載することが必要です。

　記載する書類は、主に以下のとおりです。
① 法人税申告書
② 消費税申告書
③ 法定調書
④ 申請・届出書等（法人の本店異動届等）

3 本店が移転した場合、また会社名が変更になった場合の対応方法

　法人名や本店所在地の変更登記をした情報は、国税庁が法務省より連絡を受けて、国税庁法人番号公表サイトに反映されることになります。したがって、各民間事業者は法人番号関係で特段の手続を行う必要はありません。ただし、法人名の変更、本社移転の場合には、従来どおり「異動届出書」を（移動前と移動後それぞれの）税務署に提出する必要があります。なお、変更後の内容は、国税庁法人番号公表サイトにおいて公表されています。

Q9

休眠会社や清算会社の法人番号はどのように取り扱われるのですか？

A

休眠届を提出した法人にもマイナンバー（法人番号）は付されます。また、清算会社の法人番号は消滅せずに残ります。

解説

1 休眠会社とは

誤解されがちなのですが、会社法上「休眠会社」という定義はありません。一般的に休眠会社というのは休業状態の会社のことであり、税務署や地方自治体に異動届出書でその旨を届け出ます（一方で、法務局には通常何ら届出を行いません）。

なぜ税務署や地方自治体に届け出るかというと、地方法人税の均等割の納付の免除を受けるためです。例えば東京23区内に法人の本店がある場合、均等割年間7万円が免除されます。この均等割7万円の免除を受けるために、税務署や地方自治体に届け出るのです（休眠届を提出しても、均等割が免除されない地方自治体もあるので、その点は、注意が必要です）。

2 休眠会社の法人番号の取扱い

国は法人に対して法務局の登記情報に基づいて法人番号指定通知書の発送等を行っています。上記のように、通常法務局はその法人が休眠か否かを把握はしていませんし、付番には関係のないことなので、休眠会社にも国税庁から法人番号が記載された通知書が送付されます。ただし、法人番号を今後使用する予定がなければ、破棄しても問題ありません（ただし、法人番号指定通知書をなくしても、通知書の再発行はできません）。仮に将来休眠会社が復活し、法人番号を使用する機会が発生したら、国税庁法人番号公表サイト等

で調べて法人番号を利用することが可能です。

3 法人が清算された場合

法人が清算された場合でも、法人番号は消滅せずに残ります。法人番号は、一度指定されると、公表され利用用途が広がる予定です。したがって、法人番号を保有する法人が清算の結了等により消滅したとしても、ただちに法人番号が不要になる訳ではありません。法人番号に関連づけられた情報の授受が行われる限り利用されることになります。したがって、法人番号は抹消されることはなく、残り続けます。

ただし、清算の公表を行った法人番号保有者について、清算の結了等の事由が生じた場合には、当該事由が生じた旨および当該事由が生じた年月日が変更履歴情報として公表されます。

なお、同一番号が他の法人に使用されることもありません。

Q10

外国法人の日本支店にも法人番号は付されるのですか？

A

外国法人でも日本に支店がある場合は法人番号が付されます。法人番号指定通知書は日本国内の主たる事務所または営業所等の所在地宛に送付されま

す。なお、国税庁法人番号公表サイトでは日本の支店所在地だけではなく、海外の本店所在地も公表されます。

解説

　海外に本店がある外国法人で、かつ日本に支店または営業所がある場合、法人番号が付され、日本国内の支店等の所在地が公開されることになります。

　一方で日本に支店も営業所もない場合もあります（例えば海外の政府機関）。このときでも、税務署に提出された収益事業開始届出書等を提出している法人については、法人番号が付されます。この場合、日本国内の支店等がなくても、国外の本店所在地がインターネットで公開されることになります。

　なお、外国法人の法人番号は、税務署に提出した申告書、届出書に記載された日本国内の主たる事務所または営業所等の所在地に届きます（国税庁「法人番号に関するFAQ」Q2-7、Q4-4。なお、海外の本店までは送付されません）。

Q11

株式会社以外には法人番号は付されないのですか？

A

株式会社以外にも、法人番号が付されるケースがあります。具体的には国の機関や地方自治体等です。また、学校のＰＴＡ組織や、マンションの管理組合等にも付される場合があります。

解説

1 法人番号の指定対象

法人番号が付されるのは、法人以外では以下の三つです。①国の機関、②地方公共団体、③設立登記法人、および、④上記①、②以外の設立登記のない法人（④－1）または人格のない社団（④－2）等であって、所得税法230条に規定する「給与支払事務所等の開設届出書」等、国税に関する法律に規定する届出書を提出することとされているものに対して法人番号が付されます。

また、上記によって法人番号を指定されない法人または人格のない社団等であっても、⑤個別法令で設立された国内に本店を有する法人や、国税に関する法律に基づき税務署長等に申告書・届出書等の書類を提出する者等一定の要件に当てはまれば、国税庁長官に届け出ることによって法人番号の指定を受けることができます。

法人番号の指定対象法人等のイメージ

					設立の登記の有無			
	なし		あり			なし		
国税庁長官が手続なしで指定	①国の機関	②地方公共団体	③設立登記法人		④-1設立登記のない法人		④-2人格のない法人	—
			(商業登記) 株式会社 合名会社 合資会社 合同会社	(法人登記) 一般社団法人 一般財団法人 公益社団法人 公益財団法人 学校法人 合同会社・宗教法人 税理士法人　等	税法上の特定の届出書			
					宿泊施設運営等の収益事業を行っている者・健康保険組合、国家公務員共済組合		保険代行業等の収益事業を行っている者・登記のない労働組合、同業者団体	
⑤届出により国税庁長官が指定	—				土地改良区・水害予防組合・親会社から職員が派遣されている健康保険組合		ボランティアで運営される人格のない社団が、出版物を発行し原稿料やデザイン料を支払うケース	PTA、町内会、同好会、慈善団体等

2 「人格のない社団等」とは

　前述のとおり、「人格のない社団等」にも法人番号が付されます。人格のない社団等とは、「法人でない社団又は財団で代表者又は管理人の定めがあるもの」とされています。

　「法人でない社団又は財団で代表者又は管理者の定めがあるもの」とは、従来の税務上の取扱いと同様、当該社団または財団の定款、寄附行為、規約等によって代表者または管理人が定められている場合の他、当該社団または

財団の業務に係る契約を締結し、その金銭、物品等を管理する等の業務を主宰する者が事実上あることを含むものと考えられます。

　具体的には、以下のとおりです。

① 団体としての組織を備えていること

② 多数決の原則が行われていること

③ 構成員が変更しても団体そのものは存続すること

④ その組織によって代表の方法、総会の運営、財産の管理その他団体としての主要な点が確定していること

　民法上の組合、匿名組合、投資事業有限責任組合、有限責任事業組合は、当事者間の契約にすぎないことから、人格のない社団等には該当しません。

3 「人格のない社団」で法人番号が付されるケース

　法人税・消費税の申告納税義務や給与等に係る所得税の源泉徴収義務がある場合、法人番号が付され通知されることとなります。

　また、上記以外にも例えばボランティアで運営される人格のない社団等（法人税・消費税の申告納税義務または給与等に係る所得税の源泉徴収義務がない者）であって、出版物を発行し原稿料やデザイン料を支払う団体（報酬等の支払調書の提出義務者となるケース）等に該当する場合がこれにあたります。これらの場合、国税庁長官に届け出ると、法人番号の指定を受けることとなります。

4 「人格のない社団」の情報は公開されるのか

　株式会社については同意の有無に関わらず国税庁法人番号公表サイトで法人番号、本店所在地等が公表されますが、人格のない社団については代表者または管理人の同意を得た場合に限り法人番号、団体名、所在地が公表されます（番号法39条4項）。人格のない社団のなかには、名称や主たる事務所の所在地について公表を望まないために法人成りしていない団体があること

も想定されますので、公表を望まない社団の権利を尊重する趣旨です。

なお、人格のない社団が公表に合意していない場合、国税庁法人番号公表サイトで法人番号等の確認することができません。人格のない社団が法人番号指定通知書を紛失し、法人番号がわからない場合は、国税庁の法人番号管理室に問い合わせることになります。

5 「人格のない社団」の名称が変更した場合

国税庁法人番号公表サイトでの名称・所在地・法人番号の公表に同意した人格のない社団等が名称等を変更した場合は「法人番号の指定を受けるための届出書に関する変更の届出書」を国税庁法人番号管理室へ提出する必要があります。当該届出書により、公表情報を更新する他、変更履歴も併せて公表されます。

なお、通常の株式会社による名称等を変更した場合は、法務局での登記を受けて国税庁法人番号公表サイトで反映されるため、法人番号の対応は不要です（Q8参照。なお、国税に関する法律に規定する申告書・届出書を提出している設立登記のない法人または人格のない社団等の場合は、管轄の税務署における変更手続は別途必要となります）。

Q12

マイナンバー制度は、民間事業者にとってどのような影響がありますか？

A

　マイナンバー制度により、税務署、ハローワーク等への届出書類に従業員等のマイナンバーを記載する必要があります。民間事業者としてはマイナンバーの管理を厳重にするとともに、どのような書類にマイナンバーを記載する必要があるのか確認が必要です。なお、年金関連のマイナンバー導入は当面の間、延期されています。

解説

1 マイナンバー記載が必要な主な書類と提出先

（1）　税務署への提出書類

　税務署へ提出する書類でマイナンバーを記載する必要がある主な書類は、源泉徴収票、支払調書、確定申告書です。なお、配当等の支払調書の一部はマイナンバーの記載が3年間猶予されています（平成31年分の配当等の支払調書からマイナンバーの記載が必要となります）。猶予が設けられている支払調書は、以下のとおりです。

調書の種類	利子等の支払調書（平成28年1月1日以降に開始された取引に関しては対象外）
	国外公社債等の利子等の支払調書
	配当、剰余金の分配および基金利息の支払調書
	国外投資信託等または国外株式の配当等の支払調書
	投資信託または特定受益証券発行信託収益の分配の支払調書
	オープン型証券投資信託収益の分配の支払調書
	配当等とみなす金額に関する支払調書
	株式等の譲渡の対価等の支払調書
	交付金銭等の支払調書
	信託受益権の譲渡の対価の支払調書
	先物取引に関する支払調書
	金地金等の譲渡の対価の支払調書
	名義人受領の利子所得の調書
	名義人受領の配当所得の調書
	名義人受領の株式等の譲渡の対価の調書
	上場証券投資信託等の償還金等の支払調書
	特定口座年間取引報告書
	非課税口座年間取引報告書
	国外送金等調書
	国外証券移管等調書

(2) ハローワークへの提出書類

雇用保険業務では被保険者の資格取得や確認、給付等に利用します。

被保険者資格取得届・資格喪失届等にマイナンバーを記載してハローワークに届け出ることが必要です。なお、ハローワークから事業主に返戻する書類にはマイナンバーは記載されません。事業主が提出する書類としては、以下のものがあります。

① 雇用保険被保険者資格取得届
② 雇用保険被保険者資格喪失届・氏名変更届
③ 高年齢雇用継続給付受給資格確認票・(初回)高年齢雇用継続給付支給申請書
④ 育児休業給付受給資格確認票・(初回)育児休業給付金支給申請書
⑤ 介護休業給付金支給申請書

(3) 全国健康保険組合への提出書類

資格取得届や被扶養者異動届等の各種申請・届出等の様式も変更されています。また、平成29年7月を目処に、健康保険組合は健康保険の各種手続で市区町村等と情報連携を開始します。これにより、従来必要とされていた添付書類の省略が一部の手続で可能となります。

(4) その他の行政機関への提出書類

マイナンバーを利用する行政事務の例は、以下のとおりです。

マイナンバーを利用する行政事務の例

個人番号を利用した事務を行う機関 (個人番号利用事務実施者)	個人番号を利用する行政事務 (利用事務)
市区町村	生活保護法による保護の決定、実施事務 (例) 生活保護の申請の受理、審査事務

市区町村	児童手当法による児童手当の支給事務 （例）児童手当の支給申請の受理、審査事務
ハローワーク	雇用保険法による雇用保険事務 （例）被保険者資格取得届の受理・審査、離職票の交付事務、受給資格の決定・失業の認定事務
労働基準監督署	労働者災害補償保険法による年金給付の支給事務 （例）労災年金の請求の受理、審査事務
厚生労働大臣 （日本年金機構）	健康保険法による健康保険に関する事務 （例）被保険者資格取得届の受理・審査 厚生年金保険法による厚生年金保険に関する事務 （例）被保険者資格取得届の受理・審査、年金支給事務
全国健康保険協会	健康保険法による保険給付の支給等の事務 （例）傷病手当金・出産育児一時金等の支給、限度額適用・標準負担額減額認定証等の交付の事務
健康保険組合	健康保険法による保険給付の支給等の事務 （例）被保険者資格取得届受理・審査、傷病手当金・出産育児一時金等の支給、限度額適用・標準負担額減額認定証等の交付の事務

出典：厚生労働省平成27年2月付「社会保障・税番号制度の導入に向けて（社会保障分野）」

また、在職者・離職者がマイナンバーを記入する手続例は以下のとおりです。

在職者・離職者がマイナンバーを記入する手続一覧（例）

変更される様式等	様式番号等
雇用保険被保険者離職票	雇用保険法施行規則様式第6号
高年齢雇用継続給付受給資格確認票・（初回）高年齢雇用継続給付支給申請書	雇用保険法施行規則様式第33号の3
育児休業給付受給資格確認票・（初回）育児休業給付金支給申請書	雇用保険法施行規則様式第33号の5
介護休業給付金支給申請書	雇用保険法施行規則様式第33号の6
教育訓練給付金支給申請書	雇用保険法施行規則様式第33号の2
教育訓練給付金（101条の2の7第2号関係）および教育訓練支援給付金受給資格確認票	雇用保険法施行規則様式第33号の2の2
雇用保険日雇労働被保険者資格取得届	雇用保険法施行規則様式第25号
未支給失業等給付請求書	雇用保険法施行規則様式第10号の4

出典：厚生労働省平成28年2月付「マイナンバー制度の導入に向けて（雇用保険業務）」

2 民間事業者が収集すべきマイナンバー

マイナンバーの収集をしなければならないその他のケースは、主に以下のとおりです（Q13参照）。

契約先（契約先企業、講演等の主催企業等）	・報酬、料金、契約金を受け取る方等 （例：士業、外交員、集金人、保険代理人、馬主、プロスポーツ選手、ホステス等への報酬、社会保険診療報酬支払基金が支払う診療報酬、原稿料、講演料、画料等）
不動産業者等 （不動産仲介料、不動産使用料（家賃）を支払う法人）	・不動産業者または法人から年間100万円超の不動産譲渡の対価、または年間15万円超の不動産仲介料もしくは不動産使用料（家賃）を受け取られる方

出典：内閣官房「マイナンバーの提供を求められる主なケース（平成28年 1 月18日現在）」

マイナンバー取得

Q13

民間事業者は具体的に誰からマイナンバーを取得する必要があるのですか？

A

　民間事業者がマイナンバーの取得が必要になるケースは大きく三つに分けることができます。

① 税務署に個人事業主への報酬や、または不動産を個人で賃貸している人への地代等についての源泉徴収票を提出するためにこれらの個人から取得

② 税務署に給与所得者の源泉徴収票を提出するために、従業員と扶養親族から取得

③ 健康保険組合および年金機構等への提出のために、従業員から取得

解説

1 支払調書提出のための取得

　会社や一定の個人事業主が個人に業務を委託した場合等には、源泉徴収する必要があります。源泉徴収の利率は原則として10.21％です。例えば、ある会社が個人事業主にホームページ制作を10万円で依頼した場合、源泉徴収額は以下のとおり計算します。

```
100,000円 × 10.21％ ＝ 10,210円   源泉徴収額
（支払額は100,000円 － 10,210円 ＝ 89,790円）
```

　この源泉徴収した10,210円を会社は税務署へ個人事業主にかわって納税します。このとき、税務署は会社が誰のかわりに納税したのかを把握する必要があるのです。マイナンバー制度導入後は、これが源泉徴収票に記載されたマイナンバーを通じてなされますので、マイナンバーを取得する必要が生じます。

　ただし、1年で同じ人に支払う額が5万円以下の場合、会社は支払調書を提出する必要がありません。前述のホームページ制作依頼の例では、対価としての報酬が年間税抜5万円以下（したがって消費税（8％）込みの金額にすると54,000円以下）ならば、依頼した会社は支払調書を提出する義務がありません。

　このように、会社が税務署に支払調書を提出しない場合、マイナンバー請求の必要がないので支払先からマイナンバーを求めることはできません。ただし1年で同じ人に支払う額が5万円以下の場合、会社は支払調書を提出する必要はありません。

　一方、不動産の賃貸借契約では、月額賃料が契約書で明確になっている場合が一般的です。年の途中に契約を締結したことから、その年は支払調書の提出が不要であっても、翌年は支払調書の提出が必要とされる場合があります。この場合、翌年の支払調書を税務署に提出するために、事前にマイナンバーの提供を求めることができます。

マイナンバーの提出を求めてもよい場合と求めてはいけない場合

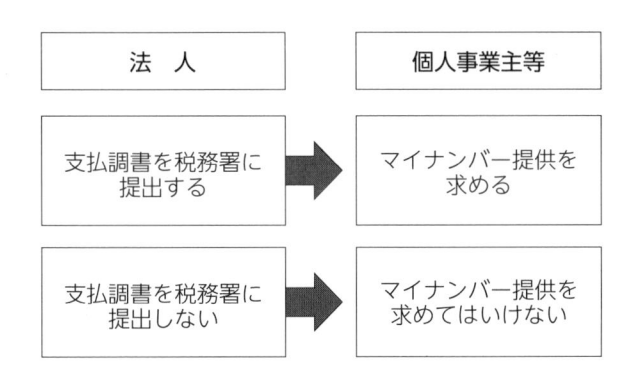

2 源泉徴収票提出のための取得

　会社は従業員にかわって給与から源泉徴収をし、税務署に所得税を納付します。税務署および地方自治体に提出することになり源泉徴収票にマイナンバー記入欄が設けられ、従業員や従業員の扶養親族のマイナンバーを記載することになります。

　なお、従業員に交付する源泉徴収票には、マイナンバーの情報漏えいの観点から、マイナンバーが記載されません（記載欄がありません）。

源泉徴収票のイメージ

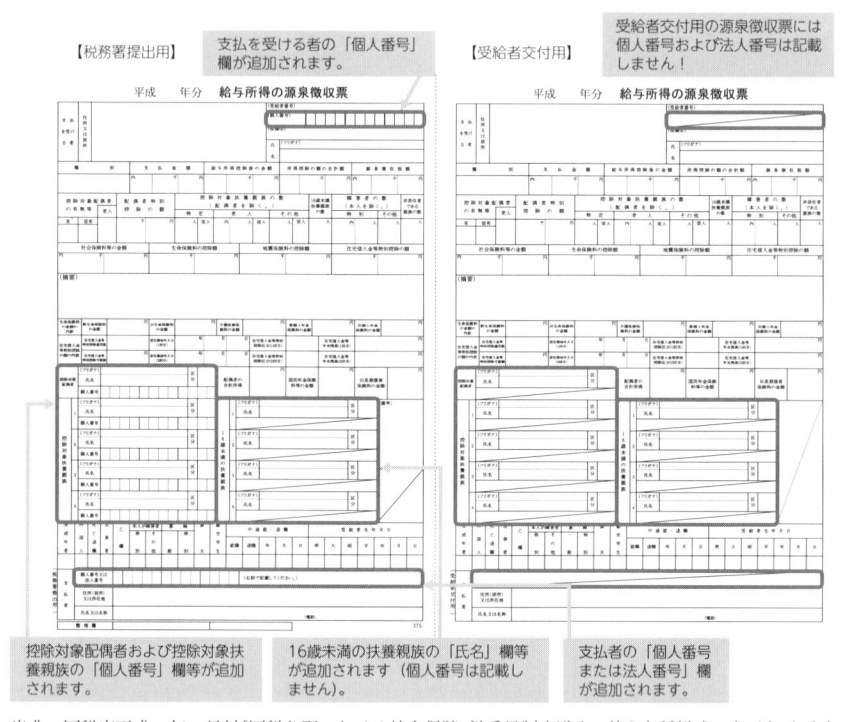

出典：国税庁平成27年12月付「国税分野における社会保障・税番号制度導入に伴う各種様式の変更点」を改変

　扶養親族のマイナンバーを求める方法は様々ですが、平成28年以降、年末調整時に従業員が会社に提出する扶養控除等申告書にマイナンバーを記載するのが一般的と考えられます。もちろん入社時に身分証明書による本人確認と同時に、マイナンバーの収集を行うことも考えられます。入社時の手続については Q28 を参照してください。

民間事業者の番号利用例（法定調書の場合）

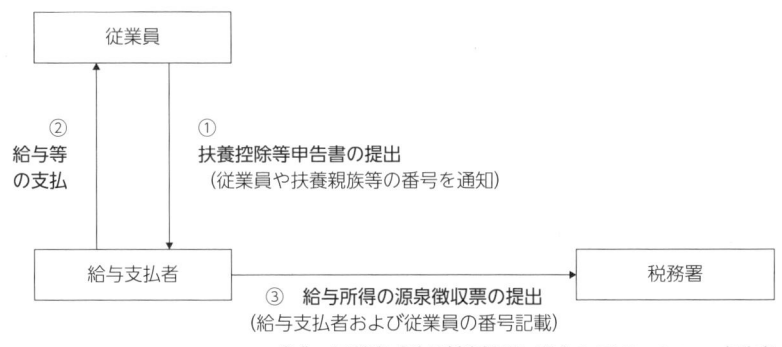

出典：国税庁「番号制度概要に関するFAQ」Q2-1を改変

3 厚生年金や社会保険料のための取得

　健康保険組合が保険給付を行うとき、国が厚生年金の支給を行うとき等、社会保障の場面でもマイナンバーが用いられます。つまり、マイナンバーは健康保険組合等でも管理する必要があるため、民間事業者は加入者のマイナンバーを取りまとめて健康保険組合に提出することになります（新入社員等新たに資格を取得した者については資格取得届にマイナンバー記載欄が設けられていますのでそこに記載して、マイナンバーを提供します）。ただし、社会保険や厚生年金についても、扶養親族に該当しない場合は（例えば共働き夫婦の場合）家族であっても、マイナンバーの提供を求めることはできません。なお、年金に関するマイナンバー利用（基礎年金番号との連携）については当面延期されています。

Q14
マイナンバーを取得する際には、どのような点に注意すればよいですか？

A

マイナンバーの取得の際には、従業員または個人事業主に利用目的を説明する義務が法律に定められています。なりすまし防止のため、本人確認を行う必要があります。また、マイナンバーが外部に漏れないよう、安全管理措置といわれる管理体制の整備が必須です。

解説

1 マイナンバーの取得と利用目的の説明義務

法定調書作成事務を処理する等、災害対策・税・社会保障を処理するために必要がある場合に限って、マイナンバーの提供を求めることができます。

番号法で定められているものは、例えば以下の場合です（番号法19条）。

① 個人番号関係事務実施者からの提供（同条2号）

② 本人または代理人からの提供（同条3号）

③ 委託、合併等に伴う提供（同条5号）

④ 株式等振替制度を活用した提供（同条11号）

⑤ 特定個人情報保護委員会からの提供の求め（同条12号）

⑥ 各議院審査等その他公益上の必要があるときの提供（同条13号）

⑦ 人の生命、身体または財産の保護のための提供（同条14号）

また、提供を求める時期はマイナンバー関係事務が発生した時点が原則で

す。しかし、契約を締結した時点等の当該事務の発生が予想できた時点で求めることも可能です。例えば、契約締結前に実務的には作業を開始する業務委託契約があるとします。この場合、税務署に提出する支払調書にマイナンバーを記載することが確実だと考えられる場合は、契約前でもマイナンバーの取得を求めることができます。もちろん結果的に、契約が成立せずマイナンバーを意図せずに取得する場合も考えられます。この場合は、マイナンバーを速やかに廃棄することが必要です。

2 本人確認

　マイナンバー取得の際には、なりすまし防止等のため、本人確認が必要です。Q16を参照してください。

3 安全管理措置

　マイナンバーを取得した場合、マイナンバーを管理するため、必要かつ適切な安全管理措置を講じなければなりません。安全管理措置については Q34 から Q40 を参考してください。

4 マイナンバーの利用・提供と制限

　マイナンバーを利用および提供できる事務については、番号法によって限定的に定められています（番号法19条。1①〜⑦参照）。マイナンバーを利用するのは主に、①支払調書等にマイナンバーを記載して税務署に提出する場合、②ハローワーク・年金機構・健康保険組合に提出する書類にマイナンバーを記載する場合です（個人番号関係事務）。

　本人の同意があったとしても、利用目的を超えて特定個人情報を利用することはできません。利用目的を超えてマイナンバーを利用する必要が生じた場合には、当初の利用目的と相当の関連性を有すると合理的に認められる範

囲内で利用目的を変更して、本人への通知等を行うことにより、変更後の利用目的の範囲内でマイナンバーを利用することができます。例えば、合理的に認められる範囲内であるため、利用目的を変更して本人への通知等を行うことによりマイナンバーを利用することができるとされています。

　また、マイナンバー関係事務を処理するために必要な範囲に限って、特定個人情報ファイルを作成することができます。

5 マイナンバーの「提供」とは

　主体を問わず番号法で限定的に明記された場合を除き、特定個人情報を提供してはなりません。「提供」とは、法的な人格を超える特定個人情報の移動を意味するものです。同一法人の内部等の法的な人格を超えない特定個人情報の移動は「提供」ではなく「利用」にあたります（利用についても番号法の制限に服します）。提供にあたらない場合の例として、取引先のマイナンバーが営業担当者を通じ、支払調書等を作成する目的で経理部や人事部等他部門に提出された場合は「提供」にあたりません。

　一方、提供にあたる例として、マイナンバーを取得した法人から他社へマイナンバー情報が移動する場合が挙げられます。しかしながら番号法では、マイナンバーを提供できる場面は限定的に定められていますから、親会社の従業員が子会社に出向した場合であっても、親会社が取得したマイナンバーを子会社に無条件に提供することはできません。子会社が、マイナンバーを出向した従業員から改めて取得する必要があります。グループ会社間でのマイナンバー共有は Q26 を参照してください。

6 廃棄

　マイナンバー関係事務を処理する必要がなくなった場合で、所管法令において定められている各種書類の保存期間を経過した場合には、マイナンバー

をできるだけ速やかに廃棄または削除しなければなりません。

　例えば、税務署に提出する支払調書の保管期限は7年です。7年を経過した場合にはマイナンバーを保管しておく必要はなく、できるだけ速やかにマイナンバーを廃棄しなければなりません。

　マイナンバーまたは特定個人情報ファイルを削除した場合、または電子媒体等を廃棄した場合には、削除または廃棄したという記録を保存することとなります。削除または廃棄の作業を委託する場合には、委託先が確実に削除または廃棄したことについて、証明書等により確認する必要があります。

　廃棄手法としては、例えば以下の方法があります。

① マイナンバーが記載された書類等を廃棄する場合、焼却または溶解等の復元不可能な手段を採用する。

② マイナンバーが記録された機器および電子媒体等を廃棄する場合、専用のデータ削除ソフトウェアの利用または物理的な破壊等により、復元不可能な手段を採用する。

③ 特定個人情報ファイル中のマイナンバーまたは一部の特定個人情報等を削除する場合、容易に復元できない手段を採用する。

④ マイナンバーを取り扱う情報システムにおいては、保存期間経過後におけるマイナンバーの削除を前提とした情報システムを構築する。

⑤ マイナンバーが記載された書類等については、保存期間経過後における廃棄を前提とした保管手続を定める。

　詳しくはQ32を参照してください。

Q15

マイナンバーの利用目的はどのようなものがありますか？

A

　マイナンバーを収集しようとする民間事業者は、番号法、個人情報保護法にしたがって、マイナンバーの利用目的を特定し、説明する必要があります。利用目的を説明する主な対象者は、①従業員②不動産オーナー③研修講師等が考えられます。それぞれ利用目的は、従業員の場合は源泉徴収票作成事務、社会保険に関する届出事務、不動産オーナーの場合は税務署へ提出する支払調書（不動産の使用料等の支払調書）作成事務、研修講師の場合は支払調書（報酬、料金、契約金および賞金の支払調書）作成事務ということになります。

解説

1▶ 従業員に関する利用目的

　民間事業者がマイナンバーを取得する場合、利用目的を特定し通知しなければなりません。民間事業者が従業員のマイナンバーを取り扱う場合、通常二つの利用目的が考えられます。一つは、税務署や市区町村に提出する源泉徴収票作成事務に利用するためで、もう一つは社会保障手続における届出事務に利用するためです。

　具体的には以下のとおり通知することになります。

・給与所得の源泉徴収事務

・雇用保険・健康保険・厚生年金保険・国民年金の届出事務

マイナンバーが含まれない個人情報と異なり、マイナンバーは、本人の同意があったとしても、利用目的の範囲を超えて利用することができません。例えばマイナンバーを従業員番号として利用することは認められていません（利用目的の通知例は巻末の付録を参照）。

分野	マイナンバー記載書類例
税務	源泉徴収票 給与所得者の扶養控除等（異動）申告書
社会保障	雇用保険被保険者資格取得届 健康保険・厚生年金保険被保険者資格取得届 健康保険被扶養者（異動）届

2 不動産オーナーに関する利用目的

　個人の不動産オーナーに対して、年間15万円超の不動産仲介料もしくは家賃を支払い、または年間100万円超の不動産譲渡の対価の支払いを行う場合、支払調書にマイナンバーを記載し、税務署に提出することになります。この場合の利用目的は、不動産の使用料等の支払調書の作成事務ということになります。

　なお、年の途中に契約を締結した場合、その年は支払調書の提出が不要であっても、翌年は支払調書の提出が予想される場合には、翌年の支払調書作成・提出事務で利用するために当該マイナンバーの提供を求めることができるとされています。

（ガイドライン（事業者編）及びガイドライン（金融事務）Q&A、Q4-2）

3 研修講師等に関する利用目的

　民間事業者が個人に研修講師を依頼した場合、通常源泉徴収をして、当該研修講師のマイナンバーを記入した支払調書を税務署に提出します。この場合の利用目的としては、報酬、料金、契約金および賞金の支払調書の作成事務ということになります。なお、講師に支払う謝礼が年間5万円以下の場合は、支払調書を税務署に提出する必要はありません。

Q16

本人確認はどのように行ったらよいですか？

A

　本人確認は主に顔写真付の身分証明書、例えば運転免許書やパスポートで行います。しかし、全員が顔写真付の身分証明書を保有しているわけではありません。そこで、年金手帳、学生証や社員証等も身分証明書として広い範囲で認められています。

解説

1 本人確認の目的

　マイナンバー収集に際して本人確認が義務付けられているのは、なりすましを防止するためといわれています。マイナンバーは数多くの個人情報と紐付けられるため、なりすましがなされると、個人の年収や社会保険の情報、

住所や生年月日等が漏えいする可能性があります。そこで、マイナンバーの取扱いにおいては厳格な本人確認を行うことが求められています。また、番号法上の本人確認では、①マイナンバーの番号自体の確認（番号確認）と、②手続を行っている者がマイナンバーの正しい持ち主であることの確認（身元確認）が行われます。

マイナンバー取得時の本人確認

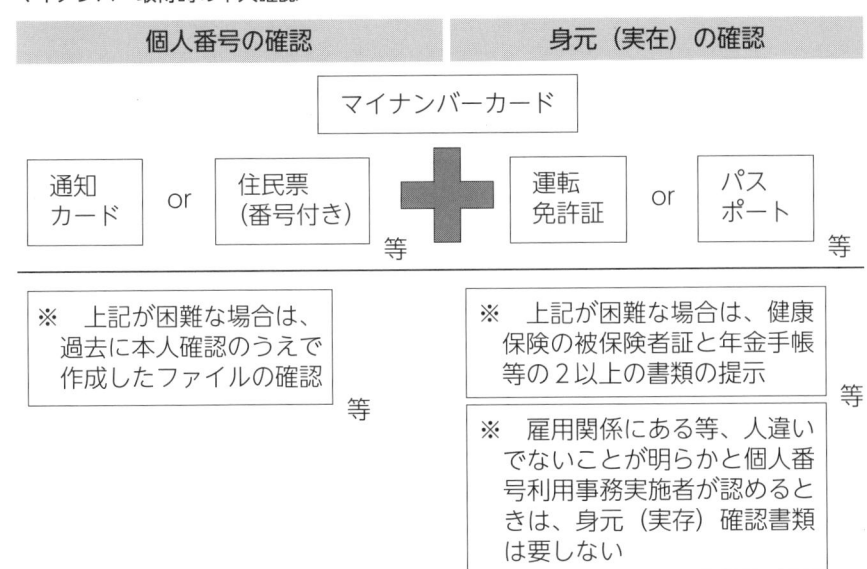

出典：内閣府平成27年11月付「マイナンバー社会保障・税番号制度が始まります！ 入門編」を改変

　マイナンバーの番号自体の確認は、通知カードまたはマイナンバー付の住民票等で行います。身元確認は、運転免許証やパスポート等で行います。ただし身元確認では、人違いではないと明らかなとき（例えば、入社時に運転免許証、パスポート等によりすでに身元確認を行っている場合等）は、身元を確

認する書類は必要ないとされています。

2 マイナンバーの確認方法

　原則としては以下の三つです。つまり、①マイナンバーカード、②通知カード、③マイナンバー付の住民票です。この三つのいずれも揃えることができない場合は、過去に本人確認のうえで作成した特定個人情報ファイルにより確認する方法も認められています。

　その他の方法として、官公署等から発行されたマイナンバー付の書類で確認する方法も挙げられます。

　オンラインでの確認方法も同様です。原則は、過去に本人確認のうえで作成した特定個人情報ファイルで確認する方法です。その他マイナンバーや通知カード等の画像データを送信することより、マイナンバーを確認する方法も想定されています。

3 身元確認の方法

　雇用関係にあること等の事情があり、人違いでないことが明らかなときは、身元確認は不要です。また雇用時に運転免許証等により本人であることの確認をしている場合であって、本人から直接対面でマイナンバーの提出を受ける場合も身元確認は不要とされています。このとき、運転免許証等のコピーを保管しているかどうかは問いません。

　身元確認書類と認められる書類のうち主なものは、以下のとおりです。

① マイナンバーカード

② 運転免許証やパスポート等の写真付身分証明書

　これが困難な場合、写真付ではない身分証明書を二つ以上用意すべきとされますが、これも困難な場合、法人、官公署が発行する身分証明書や資格証明書等や公共料金の領収書等でも認められるとされています。

上述の、「写真付でない身分証明書二つ以上」の例は、以下のとおりです。

写真付でない身分証明書二つ以上の例

1	公的医療保険の被保険者証、年金手帳、児童扶養手当証書、特別児童扶養手当証書
2	官公署または個人番号利用事務実施者・個人番号関係事務実施者から発行・発給された書類その他これに類する書類であって個人番号利用事務実施者が適当と認めるもの（氏名、生年月日または住所が記載されているもの）

さらに、上記の身分証明書を二つ以上用意できない場合は、以下のいずれかでも代替できます。

上記がさらに用意できない場合

1	公的医療保険の被保険者証、年金手帳、児童扶養手当証書、特別児童扶養手当証書のいずれか一つ
2	申告書等に添付された書類であって、本人に対し発行・発給された書類または官公署から発行・発給された書類に記載されている氏名、生年月日または住所の確認
3	申告書等またはこれと同時に提出される口座振替納付に係る書面に記載されている預貯金口座の名義人の氏名、金融機関・店舗、預貯金の種別・口座番号の確認
4	調査において確認した事項等の個人番号の提供を行う者しか知り得ない事項の確認

5	上記1から4までが困難であると認められる場合であって、還付請求でないときは、過去に本人確認のうえで受理している申告書等に記載されている純損失の金額、雑損失の金額その他申告書等を作成するにあたって必要となる事項または考慮すべき事情であって財務大臣等が適当と認めるものの確認

4 ▶ 代理人を通じて行う本人確認

　マイナンバーを代理人を通じて収集する場合、本人確認も代理人を通じてなされます。代理人による手続を行う際には、代理人の身元確認が必要であり、同時に代理権を確認する必要があります（**Q17**参照）。

Q17

マイナンバーを代理人から取得する場合、どのようにしたらよいですか？

A

　マイナンバー取得における本人確認は厳格に行う必要があることから、代理人を通じてマイナンバーを取得する場合、代理人に代理権限があるかの確認を行う必要があります。通常の流れは、①代理権確認書類（通常は委任状）の確認、②代理人の身元確認書類により確認を行う、③本人の番号確認書類の確認という段階を踏むことになります。

解説

1 ▶ 代理権確認書類の確認

　まず、代理人に代理権があるかどうかを確認する必要があります。法定代理人の場合は、戸籍謄本その他その資格を証明する書類、法定代理人以外の場合は委任状が有効であることの確認が必要です（番号法施行規則6条）。

2 ▶ 代理人の身元確認

　代理人の身元確認に用いる書類等には以下のものがあります。
- ・代理人のマイナンバーカード
- ・運転免許証
- ・パスポート
- ・在留カード　等

3 ▶ 本人の番号確認

　本人の番号確認には、本人のマイナンバーカード、通知カード、住民票の写しまたは住民票記載事項証明書（氏名、出生の年月日、男女の別、住所および個人番号が記載されたもの）または、その写し等が用いられます。また、以下のものも用いることが可能です。

　なお、いずれも例外規定があります。

本人のマイナンバー確認書類

	定　　　義	想定されている書類
1	官公署は個人番号利用事務実施者・個人番号関係事務実施者から本人に対し一に限り発行・発給された書類その他の代理権を証明するものとして個人番号利用事務実施者が適当と認める書類（番号法施行規則6条1項3号）	健康保険証
2	官公署または個人番号利用事務実施者・個人番号関係事務実施者から発行・発給された書類その他これに類する書類であって個人番号利用事務実施者が適当と認めるもの（ⅰ氏名、ⅱ生年月日または住所が記載されているもの）	公的医療保険の被保険者証、年金手帳、児童扶養手当証書、特別児童扶養手当証書
3	過去に本人確認のうえ特定個人情報ファイルを作成している場合には、当該特定個人情報ファイルの確認（番号法施行規則9条5項3号）個人番号利用事務実施者が適当と認める書類（番号法施行規則9条5項4号）	源泉徴収票等自己のマイナンバーに相違ない旨の本人による申告書

　なお、これらの証明書等は原本ではなく写しでよいこととされています。

　また、以下のようなオンラインによる手続でも、代理人からの取得を認めています。

オンライン手続による代理人を通じたマイナンバーの取得の際の確認書類

	定　　義	想定書類
1	本人および代理人の氏名、生年月日または住所、ならびに代理権を証明する情報の送信を受けることその他の個人番号利用事務実施者が適当と認める方法（番号法施行規則10条１号）	電子的に作成された委任状、代理人の事前登録
2	代理人の公的個人認証による電子署名の送信を受けることその他の個人番号利用事務実施者が適当と認める方法（番号法施行規則10条２号）	電子署名
3	下記の四つのうち、いずれか一つ （ア）過去に本人確認のうえ、特定個人情報ファイルを作成している場合には、当該特定個人情報ファイルの確認（番号法施行規則10条３号イ） （イ）官公署もしくは個人番号利用事務実施者・個人番号関係事務実施者から発行・発給された書類その他これに類する書類であって個人番号利用事務実施者が適当と認める書類（ⅰ個人番号、ⅱ氏名、ⅲ生年月日または住所が記載されているもの）もしくはその写しの提出または当該書類に係る電磁的記録の送信（番号法施行規則10条３号ロ）	特定個人情報ファイル マイナンバーカード 通知カードの写しを別途送付・ＰＤＦファイルの添付送信等

> （ウ）地方公共団体情報システム機構へ
> の確認　（個人番号利用事務実施者）
> （番号法施行規則10条3号イ）
> （エ）住民基本台帳の確認　（市区町村長）
> （番号法施行規則10条3号イ）

4　まとめ

本人確認：代理人から提供を受ける場合対面あるいは書面の送付（書面の送付では写しでよい）

	①代理権の確認	②代理人の身元（実在）確認	③本人の番号確認
原則	(a)委任状（任意代理人）	(a)代理人のマイナンバーカード、運転免許証、運転経歴証明書、パスポート等	(a)本人のマイナンバーカードまたはその写し
原則	(b)戸籍謄本その他その資格を証明する書類（法定代理人）（附則6①一）	(b)官公署から発行・発給された書類その他これに類する書類であって、写真の表示等の措置が施され、個人番号利用事務実施者が適当と認めるもの（氏名、生年月日または住所が記載されているもの）	(b)本人の通知カードまたはその写し
原則		(b)' 法人の場合は、登記事項証明書等およびマイナンバー利用事務実施者が適当と認める書類（商号または名称、本店または主たる事務所の所在地が記載されているもの）	(c)本人の住民票等
例外	上記(a)(b)が困難であると認められる場合は、本人の健康保険証等を想定	上記(a)(b)が困難であると認められる場合は、以下の書類を二つ以上 ア　公的医療保険の被保険者証、年金手帳、児童扶養手当証書、特別児童扶養手当証書 イ　官公署またはマイナンバー利用事務実施者・マイナンバー関係事務実施者から発行・発給された書類その他これに類する書類であってマイナンバー利用事務実施者が適当と認めるもの（氏名、生年月日または住所が記載されているもの）	源泉徴収票等個人番号利用事務等実施者が発行する書類、自己の個人番号に相違ない旨の本人による申告書等を想定

※マイナンバーの提供を行う者と雇用関係にあること等の事情を勘案し、人違いでないことが明らかとマイナンバー利用事務実施者が認めるときは不要

出典：経済産業省「中小企業におけるマイナンバー法の実務対応」を改変

本人確認：代理人から提供を受ける場合（オンライン）

①代理権の確認	②代理人の身元(実在)確認	③本人の番号確認
電子的に作成された委任状、代理人の事前登録等を想定	代理人の公的個人認証による電子署名の送信を受けることその他の個人番号利用事務実施者が適当と認める方法 ※公的公人認証による電子署名の他、民間による電子署名、個人番号利用事務実施者によるID・パスワードの発行等を想定	以下のいずれか ア 過去に本人確認のうえ、特定個人情報ファイルを作成している場合には、当該特定個人情報ファイルの確認 イ 官公署もしくは個人番号利用事務実施者・個人番号関係事務実施者から発行・発給された書類その他これに類する書類であって個人番号利用事務実施者が適当と認める書類（ⅰ 個人番号、ⅱ 氏名、ⅲ 生年月日または住所が記載されているもの）もしくはその写しの提出または当該書類に係る電磁的記録の送信 ※マイナンバーカード、通知カードの写しを別途送付・PDFファイルの添付送信等を想定 ウ 地方公共団体情報システム機構への確認（個人番号利用事務実施者） エ 住民基本台帳の確認（市区町村長）

出典：経済産業省「中小企業におけるマイナンバー法の実務対応」を改変

5 民間事業者が従業員の扶養親族のマイナンバーを取得する場合

　扶養親族等のマイナンバーを勤務先に届け出る場合を例に挙げてみます。まず税務上の扶養親族等について、民間事業者による本人確認は不要とされています。扶養親族等の本人確認は従業員本人が行うことになります。

　具体的な流れは、以下の図のとおりです。

本人確認　配偶者・扶養親族等からの提供

【従業員が作成義務がある書類に扶養親族等の個人番号が記載されている場合】
　　例：扶養控除等（異動）申告書の扶養親族等の個人番号
　　例：健康保険被扶養者（異動）届の被扶養者の個人番号

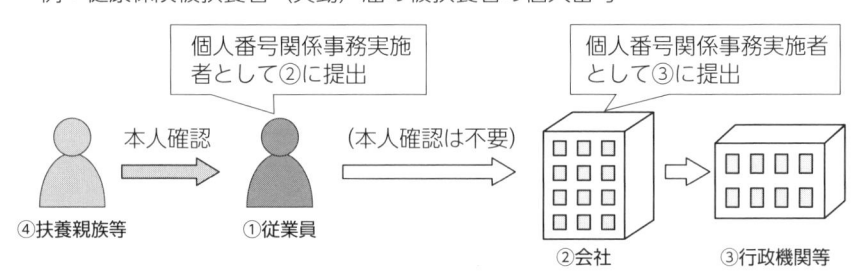

・会社は、扶養親族等の本人確認は不要

　　　　　出典：経済産業省「中小企業におけるマイナンバー法の実務対応」を改変

　民間事業者による代理人を通じた本人確認が必要なのは国民年金第 3 号被保険者関係届等の場合です。

　第 3 号被保険者が従業員を代理人として本人確認書類を民間事業者に提出する場合、代理権の確認は委任状により行い、身元確認は運転免許証等で行います。そして、マイナンバーの確認を行う流れです。

　図解すると以下のとおりです（ただし図中の方法（ⅰ）の場合となります）。

代理権確認例

【配偶者等⇒（従業員を通じて）会社】
国民年金第3号被保険者関係届
会社オリジナルの「個人番号届出書」等による、配偶者・扶養親族等の個人番号

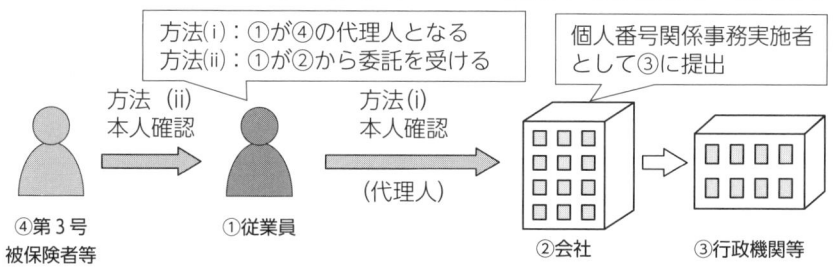

代理権の確認	身元（実在）確認	番号確認
委任状（法定代理人の場合は戸籍謄本、続柄付き住民票等）	・代理人（①）の運転免許証、パスポート等（入社時に本人確認済みで知覚して明らかな場合等は不要）	本人（④）のマイナンバーカード、通知カード、住民票

出典：経済産業省「中小企業におけるマイナンバー法の実務対応」を改変

　民間事業者が第3号被保険者のマイナンバーを取得する方法については Q28を合わせて参照してください。

Q18

マイナンバーは郵送等で取得可能ですか？

A

　郵送でもマイナンバーを受け取ることは可能です。ただし、本人確認は厳格に行う必要があることから、直接会って取得した場合と同等の本人確認書類が必要です。

解説

1 本人確認の方法

　郵送でも、対面でもマイナンバーを取得する際には、マイナンバーが正しいことおよび当該マイナンバーを有している本人と、マイナンバーを提示してきた者とが同一人なのかということの確認を厳格に行う必要があります。主な書類（の組合せ）としては以下の3点のいずれかとなります。

① マイナンバーカード（番号確認と身元確認）

② 通知カード（番号確認）と運転免許証等（身元確認）

③ 個人番号の記載された住民票の写し等（番号確認）と運転免許証等（身元確認）

　対面での確認でも、郵送での確認でも原則として必要書類において差異はありません。なお、郵送等の場合の本人確認書類（例えば運転免許証）は、コピーでも構わないとされています。詳しくは**Q16**を参照してください。郵送以外でも、オンライン、インターネット、電話によりマイナンバーを取得する場合でも同様です。

オンラインでの確認の場合は公的個人認証による電子署名で身元確認を行うこともできます。その他、マイナンバーカードや運転免許証等の画像データの電子的送信事業者が本人であることを確認したうえで発行するＩＤおよびパスワードでも確認が可能です。

2 安全管理措置

郵送の場合、また配送業者を使う場合、郵送や配送に関わる事業者に対してはマイナンバー利用事務を委託していることには該当しないと考えられます。なぜなら、通常、配送業者は依頼された中身については関知しないからです。したがって、特定個人情報の取扱いについて合意があった場合を除き、配送業者はマイナンバー関係事務の委託には該当しません。

（1） 配送の場合

事業者には安全管理措置（番号法12条）を構じる義務があることから、配送業者の選定は慎重に行う必要があります。

（2） 電子メールの場合

電子メールの添付ファイルでマイナンバーを取得することも認められています（国税庁「番号制度概要に関するFAQ」Q３−６）。この場合、セキュリティ対策を取る等必要かつ適切な安全管理措置がなされている必要があります。

（3） 訪問時にマイナンバーを取得する場合

訪問先で営業担当者が通知カードのコピーやマイナンバーカードのコピーを預かることがあるかもしれません。この場合は、郵送と同じように考えます。よって、紛失リスクには十分に気をつける必要があります。安全管理措置についてはQ34からQ40を参照してください。

Q19

マイナンバーの提供を従業員から拒否されましたが、どのように対処すればよいですか？

A

　マイナンバーの収集がなぜ必要なのかということを説明します。そのうえで、拒否されたらしかたがありません。会社が安全管理措置を講じたことを示すために、いつ、誰がどのように説明したか、どのような回答を受けたか等の記録を残すことが大切です。なお、提出すべき書類にマイナンバーの記載がなくても、税務署等官公庁は受理する運用となっています。

解説

1 提供を拒否された場合

　法定調書作成等に際し、マイナンバーの提供を受けられない場合、安易にマイナンバーを記載しないで税務署等官公庁に書類を提出することは好ましくありません。マイナンバーの記載は法律で定められた義務であることを伝え、マイナンバーの提供を求める必要があります。それでもなお、提供を受けられない場合は、提供を求めた経過等を記録、保存する等し、単なる義務違反や、事業者側で紛失したこと等によりマイナンバーを記載できないわけではないことを明確にする必要があります（国税庁「源泉所得税関係に関するFAQ」Q1-13）。

　提供を求めた記録がなければ、マイナンバーの提供を受けていないのか、あるいは提供を受けたのに紛失したのかが判別できません。つまり、法律に

違反しているかどうかの判断がつかないということを予防するためです。なお、マイナンバーの記載がないことをもって、税務署等官公庁が書類を受理しないということはありません。

2 従業員が自身のマイナンバーを把握していない場合

　マイナンバーの提供拒否以外にも、従業員が自身のマイナンバーを把握していないというケースも想定されます。例えば、番号法施行間もない時期であって、通知カードを受理できていない等やむを得ない事情がある場合、提出する書類にマイナンバーを記載しなくても差し支えないとされています。ただし、このようなやむを得ない事情でも、なぜマイナンバーを記載せずに書類を提出したのかを記録する必要があります。記録すべき内容は、マイナンバーを記載しなかった対象者、記載に至らなかった経緯・日時等です。記録があれば、記録すべき媒体は、紙でもデータ（エクセル・ワード等）でも構いません。ただし、マイナンバーが指定されているにも関わらず通知カードの未着、紛失、忘失等を理由としてマイナンバーを記載できない場合はやむを得ない事情があるとはいえませんので、マイナンバーが記載された住民票を取得する等マイナンバーを確認してもらい、必要書類へのマイナンバーの記入（場合によっては補完記入）を行うべきでしょう。

　なお、マイナンバーの提供を拒否されても、マイナンバーの提供に同意した従業員の区別する、例えば年末調整において、会社が従業員のマイナンバーを得られなかったとしても、年末調整で従業員へ不利な取扱いをする必要はないと解されています。

3 マイナンバー取得の必要がない場合

　法人等事業者側は、税務署の法定調書を提出しなくてもよいにも関わらず、マイナンバーの提供を求めることはできるのでしょうか。例えば、講演等を

個人に依頼した際の支払金額が一定の金額に満たず、税務署に法定調書を提出する必要がない場合があります。この場合、法定調書が必要ないのですから、そこに記載するマイナンバーを取得する必要性もない、つまり、マイナンバーに関係する番号法上の事務は生じません。したがって、マイナンバーを取得することは認められません。源泉徴収のための取得については Q13 を参照してください。廃棄については Q32を参照してください。

Q20

外国人従業員や海外赴任をしている従業員については、どのような取扱いをすればよいですか？

A

　外国人従業員については、いわゆる短期滞在者でない限りマイナンバーが付されますので、日本人の従業員と同様の取扱いとなります。マイナンバー制度がスタートした時点で海外赴任中の従業員については、帰国後住民登録された時点でマイナンバーが付されます。マイナンバーが付されていない場合は、源泉徴収票等におけるマイナンバー記載欄は空欄のままでよいとされています。

解説

1 外国人に対するマイナンバーの通知について

　番号法施行に伴い、平成27年10月より、市区町村から住民基本台帳に記録されている者について、マイナンバーを記載した通知カードを郵送することにより、順次マイナンバーの通知がなされました。

　それでは、外国人についてはどのような取扱いがなされるのでしょうか。住民基本台帳法改正に伴い、平成24年7月9日以降、在留資格をもって在留する外国人（ただし3か月以下の在留期間が決定された者や短期滞在・外交・公用の在留資格が決定された者等以外を除きます）に対しては、住民基本台帳法の適用対象に加えられ、住民基本台帳に記録されることとなりました。

　このため、会社が雇用する外国人従業員であって上記の範囲の外国人であれば、住民基本台帳の記録がなされている市区町村からマイナンバーの通知を受けています。なお、氏名については、住民票記載のとおりの氏名が記載され、もし通称名がある場合は通称名も併せて記載されています。

　雇用者としては、こうした外国人従業員についても、日本人の従業員と同様の手続によってマイナンバーを取得すべきことになります。

2 海外在住者に対するマイナンバーの通知について

　では、番号法施行時点で、海外駐在、留学等の事由により、日本に居住していない日本人については、どのような取扱いがなされるのでしょうか。

　マイナンバーは、住民基本台帳に記録がある者に対して付されるため、海外駐在、留学、海外移住等の際に住民票を除票して転出した場合、番号法施行時にどの市区町村においても住民基本台帳にも記録がないため、マイナンバーが与えられません。

　こうした場合、日本に帰国し、住民票が作成され住民基本台帳に記録がな

された際に、マイナンバーが付され通知カードが郵送されてくることになります。また、長期にわたって海外に居住している場合、具体的には平成14年8月5日の住基ネットワーク稼働以降にどの市区町村においても住民基本台帳に記録されていなかった場合でも、将来日本に帰国したとすれば、住民票が作成され住民基本台帳に記録がなされます。よって、その時点でマイナンバーが付され、通知カードが郵送されることになります。

　なお、日本国内の市区町村に住民登録をしたまま海外長期出張等をしており、日本国内で通知カードを受領してくれる同居の家族もいないため通知カードを受け取れなかったという場合、通知カードは、配達郵便局において1週間の保管期間経過後、差出人である市区町村に返戻されることとなります。返戻後、市区町村で一定期間通知カードを保管し、本人に連絡をとる等して、本人に別途交付する、または再度発送する取扱いとされています。雇用者としては当該従業員に対して、帰国時、住民登録をしている市区町村に問合せのうえ通知カードを受け取るよう伝えることとなります。

3 海外赴任者等をめぐる納税、社会保障関係とマイナンバー

(1)　税務上の取扱い

　海外赴任者や社費留学中の者等については、雇用者である会社が日本国内で引き続き給与を支払っているような場合もあるでしょう。これらの者が「非居住者」となる場合であれば、会社が支払う給与は、「国外源泉所得」として、国内では課税されません（ただし当該非居住者が役員であれば「国内源泉所得」（所得税法161条）となります）。もっとも、海外に出国する日までに、それまでに支払の確定した給与について年末調整をしなければならない点には注意が必要です。こういった場合、番号法施行後間もない時期においては、通知カードを受理できていない等、当該従業員にマイナンバーが付されていないということもあるかもしれません。このようなときは、マイナンバーの

記載欄は空欄で構いません。

　なお、非居住者が日本に不動産を所有しており、不在中その不動産を第三者に賃借しているため家賃収入があるといった場合には、係る収入は国内源泉所得として、日本国内において納税義務が発生します。この所得について納税管理人を通じて確定申告しなければなりませんが（国税通則法117条、所得税法5条2項）、この場合もマイナンバーの記載欄は空欄で構いません。

（2）　社会保障の場面について

　例えば、健康保険・厚生年金保険被保険者資格取得届においては、海外在住者や、海外在住や短期在留等により個人番号がない者については、基礎年金番号がある場合、基礎年金番号を記入するよう指示がなされており、従前どおり基礎年金番号をもって管理がなされます。また、個人番号を記入できない場合は、住所と個人番号を記入できない理由を記載することとされています。

（3）　扶養親族の取扱いについて

　海外赴任者等の家族が日本に居住していた場合、この家族に対しては当然にマイナンバーが付されます。雇用者としては、従業員の扶養控除等の（異動）申告書や国民年金第三号被保険者の届出書を受領する際等に、当該扶養親族のマイナンバーを取得し各種書類に記入することになります（扶養親族についてのマイナンバーの取得についてはQ14、Q17参照）。

Q21

他社から当社に出向している従業員については、どのような取扱いをすればよいですか？

A

　マイナンバーの収集は、源泉徴収や社会保険手続等法令上マイナンバー記載が必要な場合にその利用目的の範囲でしか認められません。そのため、手続事務をすべて出向元で行っている場合は、出向元のみが収集、保管および利用（提供）することになり、出向先はマイナンバーの提供を求めること等は認められません。

解説

1 出向元と出向先のマイナンバーの収集

　民間事業者は、従業員のマイナンバーの収集を、源泉徴収や社会保険手続等法令上必要な場合に限って、利用目的を特定して行わなければなりません。したがって、出向がなされる場合、出向元、出向先のいずれにおいて従業員に給与を支給し社会保険料を負担するのか、つまりどちらが源泉徴収や社会保険手続等を行うのかによって、出向先がマイナンバーを収集、保管してよいのか等が異なります。具体的には、以下のようになります。

マイナンバーの取扱いに関する違い

給与、社会保険料の負担	出向先でのマイナンバー収集の可否
出向元Ａ社が負担	不可（出向先が出向元と清算していても、当該従業員について給与から源泉徴収し、社会保険加入させていなければ不可）
出向先Ｂ社が負担	可
出向元Ａ社、出向先Ｂ社が一部ずつ負担	可

　また、マイナンバーの第三者への提供も番号法で定められた場合にしか認められません。

　Ａ社からＢ社へマイナンバーに関する情報が移動する場合には、それがグループ会社であった場合でも別法人であればマイナンバーの「提供」にあたります。したがって、従業員がＡ社からＢ社へ出向または転籍によって異動する場合には、会社間でマイナンバーを受渡しするのではなく、従業員本人から改めてマイナンバーの提供を受ける必要があります。

2 親会社等が個人情報を一括管理している場合

　規模が比較的大きい事業者では、親会社やグループ内の別会社がマイナンバー等の個人情報を共有データベースで一括管理している場合があります（共有データベースでグループ会社内の従業員のマイナンバーを保管する場合には、グループ会社間でマイナンバーが参照できないようなシステムを導入する必要があります）。そのような場合にＡ社からＢ社へ従業員が出向するに際して、従業員本人の知らないところでマイナンバーを移動させる（出向先の会社がマイナンバーを参照できるようにする）ことは、提供制限に違反することにな

ります。ただし、出向する従業員本人が本人の意思によって操作をしてマイナンバーを移動させることは、違反にはなりません。この場合は、従業員本人の意思によってB社へ提供されたものとされます。なお、本人確認については別途行う必要があります。

3 ▶ 出向先から給与の支払がない場合

在籍出向の場合等、出向先から出向元へ経費に相当する金銭を支払い「出向元は、その払われた金銭のなかから従業員へ賃金を支払う」、「出向先から従業員へは、直接賃金の支払はない」というケースがあります。そのような場合には、給与所得の源泉徴収事務や社会保険や雇用保険の資格取得等の手続が発生しないため出向先としてはマイナンバーを収集する必要はありません。

4 ▶ 出向元、出向先の両方から賃金が支払われる場合

（1）　税分野

出向元と出向先双方で給与所得の源泉徴収事務が発生します。源泉帳票や給与支払報告書の作成が出向元と出向先双方で必要になるため、出向先は、出向者からもマイナンバーの提供を受ける必要があります。上記 **2** のとおり、会社間でマイナンバーを移動させることは原則的に提供制限に違反してしまうので注意が必要です。

（2）　雇用保険分野

雇用保険は、2か所の事業主のもとで勤めている場合であっても1か所でしか雇用保険の被保険者にはなれません。出向元と出向先それぞれから賃金を受けており、それぞれで雇用保険の加入要件を満たしている場合には「主たる賃金を受ける一つの事業所のみで加入する」ことになります。基本的には、より多く賃金の支払があるほうで加入します。

このような判断基準によって加入要件を満たすことになったほうの事業主

が雇用保険の手続を行いますので、その事業主のみがマイナンバーの収集を行うべきこととなります。

（3） 社会保険分野

　社会保険（健康保険、厚生年金保険）では、同時に2か所以上の社会保険適用事業所に雇用されている場合には「健康保険・厚生年金保険被保険者所属選択・二以上事業所勤務届」を年金事務所へ届け出る必要があります（対象の従業員が70歳以上の場合は、併せて「厚生年金保険70歳以上被用者所属選択・二以上事業所勤務届」も提出）。この届出書にもマイナンバーの記載が必要になるかどうかは本書執筆時点では明らかになっていません。

Q22

間違ってマイナンバーを取得してしまったら、どうしたらよいですか？

A

　マイナンバーを、収集、保管、利用、提供してよい場面は、番号法で明確に定められています。間違ってマイナンバーを取得した場合には、そのまま保管することはできませんので、速やかに廃棄しなければなりません。

解説

1 マイナンバーを収集してよい場面

　マイナンバーの利用は、社会保障・税・災害対策における行政手続において必要となる場面に限定されており、マイナンバーを収集してよい場面（マイナンバーを利用、提供してよい場面ということにもなります）は番号法19条各号において明確に定められています（Q13参照）。

2 マイナンバーを誤って取得した場合の取扱い

　もっとも、不注意で、身分証明書として提示を受けたマイナンバーカードの裏面のマイナンバー部分もコピーをとったり書き取ったりしてしまうことも、特に番号法施行から間もない時期には、あり得ない話ではありません。

　このように本来マイナンバーを収集してはいけない場面で、誤ってマイナンバーを取得してしまった場合でも刑罰の対象にはなりませんが（Q43参照）、速やかに廃棄しなければなりません。廃棄方法については、Q32をご参照ください。

　なお、道端でマイナンバーカードや通知カードを拾得したような場合は、警察署に届け出ましょう。

　また、マイナンバーを誤って提供してしまった（相手方にマイナンバーカードの裏面をコピーされた、書き取られた等）、その本人については、特に罰則等はありません。

マイナンバー利用・提供

Q23

どのような書類にマイナンバーが記載されるのですか？

A

　民間事業者では、年金・健康保険・雇用保険の各種手続等の給与厚生関連業務、源泉徴収票や報酬の支払調書等の作成等の法定調書関連業務を担当する部門でマイナンバー対応が必要となります。具体的には、社会保険関係の被保険者資格取得届、源泉徴収票や法定調書にマイナンバーを記載することになります。

解説

1 社会保障分野のマイナンバー記載書面

　マイナンバーを記載することとなる社会保障関係書類（事業主提出）と記載時期は以下のとおりです。

マイナンバーを記載する書面一覧

分野	主な届出書等の内容	施行日
雇用保険	以下の様式に「個人番号」を追加予定 ・雇用保険被保険者資格取得届 ・雇用保険被保険者資格喪失届　等 以下の様式に「法人番号」を追加予定 ・雇用保険適用事業所設置届　等	平成28年1月1日提出分から

健康保険・厚生年金保険	以下の様式に「個人番号」を追加予定 ・健康保険・厚生年金保険被保険者資格取得届 ・健康保険・厚生年金保険被保険者資格喪失届 ・健康保険被扶養者（異動）届　等	平成29年1月1日提出分から ※ただし、日本年金機構におけるマイナンバーの利用は延期となっています
	以下の様式に「法人番号」を追加予定 ・新規適用届　　等	平成28年1月1日提出分から

出典：厚生労働省平成27年4月付「社会保障・税番号制度の導入に向けて（社会保障分野）」

　社会保険の手続に関しては、厚生年金保険・健康保険の新規適用届と事業所関係変更届等へマイナンバー制度により会社のマイナンバー「法人番号」を記載する必要があります。また、従業員やアルバイト等の個人のマイナンバーも記載する必要があります。

　なおマイナンバーを取得する際は、あらかじめ雇用保険や健康保険の手続や税務署への届出書類等に必要である旨の通知をする等してその利用目的を明示しなければなりません。

2 税分野のマイナンバー記載書面

　平成28年1月以後に提出する申告所得税関係の申請・届出書については、マイナンバーの記載が必要となります。所得税確定申告書については、平成28年分からマイナンバーの記載が必要となります。

　なお、青色申告決算書、収支内訳書、計算明細書等の申告書添付書類については、マイナンバーの記載は不要です。(1) (2)を参照ください。

　社会保障、国税、地方税、防災の各事務に係る関係省令によって、詳細が規定されます。マイナンバーの記載をすることとなる書面としない書面は、

以下 (1) (2) のとおりです。

(1) マイナンバーの記載が必要な書類

分 野	主な申告書類等の内容	日 程
所得税法関係	・所得税確定申告書 ・譲渡所得税関係	平成28年分1月1日以後に提出する申請書類から
相続法・贈与税関係	・相続税の申告書 ・贈与税の申告書	平成28年1月1日以後の相続・遺贈により取得した財産に係る申告から
消費税関係	・消費税の申告書	平成28年1月1日以後に開始する課税期間から
間接諸税関係	・間接諸税の申告書	平成28年1月1日以後に開始する課税期間から
酒税関係	・酒税の申告書	平成28年1月1日以後に開始する課税期間から
自動車税	・自動車重量税還付申請書 ・自動車税・自動車取得税（減免申請書） ・県税減免申請書　　　等	平成28年1月1日 提出分から
法定調書関係	・報酬、料金、契約金および賞金の支払調書 ・不動産の使用料等の支払調書 ・生命保険契約等の一時金の支払調書等、金銭等の支払い等に係る法定調書	平成28年1月1日以後に発生する報酬等から

(2) マイナンバーの記載が不要な書類

分　野	主な申告書類等の内容	日　程
所得税法関係	・青色申告決算書 　支内訳書、計算明細書等の申告書添付書類	平成29年1月1日以後適用分
地方税	・納税通知書 ・給与所得等に係る特別徴収税額の決定・変更通知書（納税義務者用） ・公的年金等に係る特別徴収税額決定通知書（納税義務者用）　※法人番号は記載 ・更生・決定通知書 ・納付書・納入書　　等 ※給与所得に係る特別徴収税額決定通知書（特別徴収義務者用）および公的年金等に係る特別徴収税額決定通知書（年金保険者用）には、個人番号・法人番号が記載されます。	当面記載しない （納付書・納入書は原則記載しない）
自動車税	・自動車取得税・自動車税申告書（報告書） ・軽自動車税申告書（報告書）　　等	当面記載しない

民間企業における番号の利用例

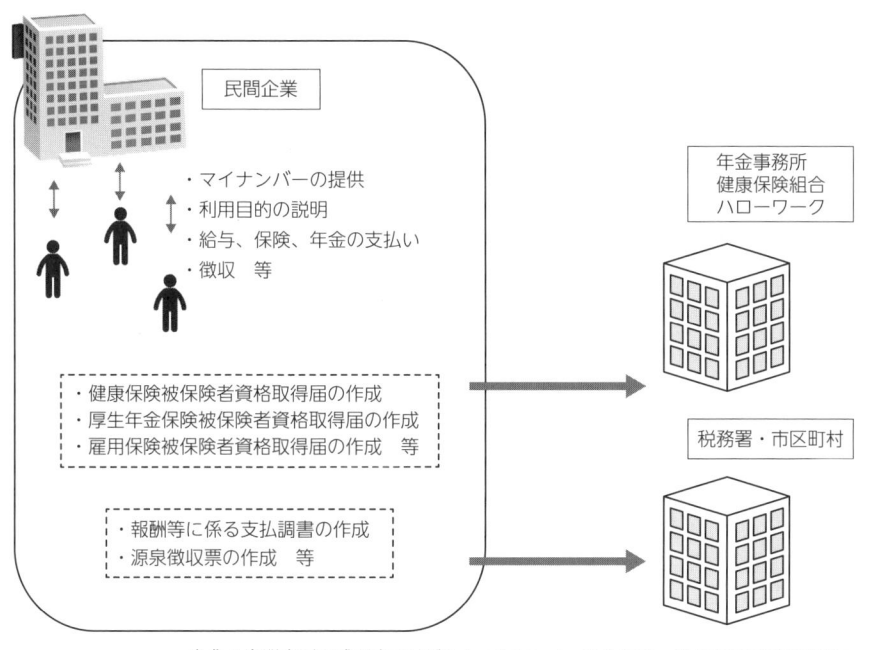

出典：内閣官房平成26年10月版「マイナンバー社会保障・税番号制度概要資料」

Q24

マイナンバーを利用するために、本人の同意は必要ですか？

A

マイナンバーは、社会保障・税・災害対策に関する行政手続において利用され、民間事業者はこれに協力する義務を負います。したがって民間事業者は、本人の同意がなかったとしても、マイナンバーを収集・利用してよいこととされています。

解説

1 マイナンバーを収集してよい場面

マイナンバーは、社会保障・税・災害対策分野の行政手続において利用され（Q1参照）、民間事業者は、これらの分野における国の施策に協力しなければなりません。

また、番号法においては、利用目的を超えてマイナンバーが利用されることがないように、マイナンバーの、収集・保管・利用・提供を原則禁止したうえで、例外的に許容される場合を限定的に例示し（番号法19条、20条）、これに対応する場面においてマイナンバーの提供を求めることができるとしています（番号法14条。詳しくは Q13参照）。

2 本人の同意の要否について

マイナンバーを収集するにあたり、マイナンバーを保有する本人（従業員や、取引を行っている個人事業主等）の同意は必要ありません（ガイドライン（事業者編）及びガイドライン（金融業務）Q＆A、Q 1 - 4）。

これは、マイナンバーの利用に本人の同意が必要であるとすれば、マイナンバー制度の目的である公正な行政給付が実現できないこと、また、不正行為の発見の妨げとなることが理由とされています。すなわち、行政による給

付を受けられることに気づいていない国民へ行政の側から給付を受けられることを通知するに際して、マイナンバーの利用に本人の同意が必要となればそもそも対象となる国民の情報を得ることができず、行政による公正な給付を阻害するおそれがあります。また、不正申告等不正行為を行おうとする者からもマイナンバーの利用に本人の同意が必要とすれば、そのような不正行為の見逃しにつながりかねない危険性があります。

このような理由から、番号法所定の社会保障、税および災害対策に関する事務にあたりマイナンバーを利用することには、本人の同意を得ることは不要とされています。

もっとも本人の同意を得る必要はないといっても、本人の同意がない場合、さらに提出を積極的に拒むような場合には、マイナンバーを収集することは実際上困難となるでしょう。民間事業者としては、マイナンバー制度の概要および会社がマイナンバーを収集する義務がある旨を説明し、本人の説得を試みるべきですが、それでも拒絶されてしまった場合は、その旨を記録することになります。詳しくは Q19 をご参照ください。

Q25
取得したマイナンバーを社員番号として使う等、社内管理等他の目的で利用してもよいですか？

A

マイナンバーは、法定された利用目的以外に利用することはできません。マイナンバーや、マイナンバーを一定のルールで加工した番号を社員番号等他の目的のために利用することはできません。

解説

マイナンバーの利用範囲と社員番号としての利用

マイナンバーは、法令で定められた社会保障・税・災害対策の手続以外で利用することはできません。マイナンバーを取得する際には具体的な利用目的を通知し、当該利用目的の範囲内でマイナンバーを利用しなければならず、利用目的を超えた利用は認められません。

例えば、マイナンバーを社員番号として用いるという利用形態については、番号法で認められた場合には該当しません。民間事業者は、社員の管理のために、マイナンバーを社員番号として利用してはいけませんし、数字をアルファベットに読み替えるといった一定の法則に従って置き換えて、その文字列を社員番号として使うこともできません。

Q26

取得したマイナンバーを、グループ会社間で共有することはできますか？ また、グループ会社内で人事情報システムを共有している場合、気をつける点はありますか？

A

　会社が異なれば、マイナンバーの「提供」にあたり、共有することはできません。グループ内であっても、別の会社である以上特定個人情報の移動は「提供」にあたり、提供制限に従うこととなるため注意が必要です。

解説

1 グループ会社間でのマイナンバー共有に関して

　番号法では、マイナンバーの取扱いにおける「利用」と「提供」について、概念が区別され用いられています。法人格内での使用にとどまる場合は「利用」となります。法人格を超えて使用される場合は「提供」となり、したがって出向または転籍により給与支払者が変わる場合には、新たな給与支払者において番号法19条各号の場合に該当しなければ「提供」を受けることができません。出向元／転籍元からの出向先／転籍先へのマイナンバーを提供は、番号法19条各号で認められた場面ではありませんので、これらの者の間でマイナンバーをやり取りすることはできません。

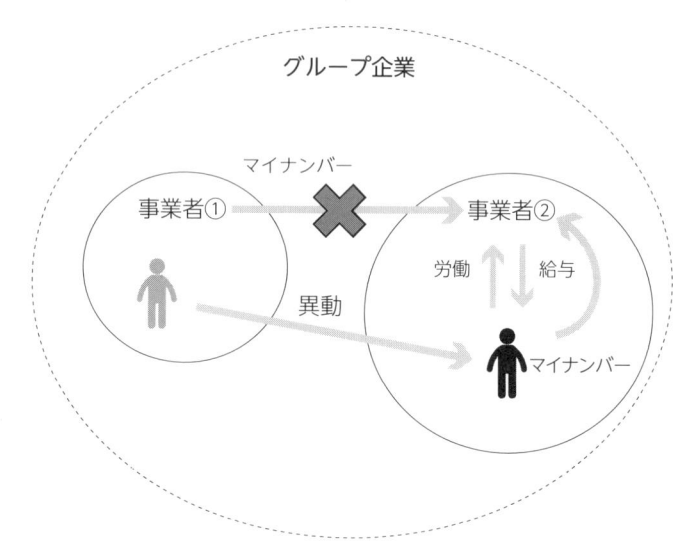

グループ企業

マイナンバー

事業者①

事業者②

異動

労働　給与

マイナンバー

出典：経済産業省「中小企業におけるマイナンバー法の実務対応」を改変

　例えば、従業員等が事業者①から事業者②に出向または転籍により異動し、事業者②が給与支払者（給与所得の源泉徴収票の提出義務者）になった場合には、両事業者間で従業員等のマイナンバーを受け渡すことはできず、事業者②は改めて本人からマイナンバーの提供を受ける必要があります。グループ会社間での出向／転籍の場合のマイナンバーの取扱いについては Q21 をご参照ください。

　これに対して「委託」とは、雇用契約を伴わずに他者に業務や実行等をかわりに行わせることをいい、例えばマイナンバーを取り扱う業務をグループ会社間で一つの会社に集約するようなケースを指します。

委託の例

委託が必要となる場面	ホールディング（持株）会社、親会社、グループ会社内のサービス・カンパニー等での人事情報の管理
	税理士事務所、社会保険労務士事務所等への委託
	ＩＴサービス・プロバイダーへの業務委託

2 グループ会社における提供制限の留意事項

（1） 共有データベースによる特定個人情報の保管

　同じ系列の事業者間等で従業員等の個人情報を共有データベースで保管しているような場合、事務取扱担当者が現在就業している会社のファイルにのみ、そのマイナンバーを登録し、他の事業者がそのマイナンバーを参照できないようなシステムを採用していれば、共有データベースにマイナンバーを記録することが可能であるとされています。

（2） 共有データベース内における特定個人情報の移動

　従業員等の出向に伴い、本人による自発的な操作を行い出向先にデータを移す場合には、本人が出向先にマイナンバーを提供したとみなされるため、提供制限には違反しないものとされます。しかしながら、あくまで提供制限には違反しないということですので、番号確認と受取確認を別途行う、あるいは本人のアクセスおよび識別について安全管理措置を講ずる必要があるでしょう。

Q27

取得した法人番号の利用に制限はありますか？

A

法人番号の利用に制限はありません。

解説

1 法人番号とその利用範囲

法人番号は、13桁の数字からなる番号で、株式会社をはじめとする法人登記がされている各種法人に加え、①国の機関、②地方公共団体、③法人または人格のない社団等であって一定の要件を満たすものに、他の法人等と識別するために、付されています（詳しくは、Q8参照）。国税庁法人番号公表サイトでは、法人番号が、商号および住所とともに公表されます。

法人番号には、マイナンバーとは異なり利用範囲の制約が付されていませんので、誰でも自由に利用することができます。

2 法人番号の利用場面

法人番号の利用場面としては、まず法人税に関する場面が挙げられます。平成28年1月以降に開始される事業年度に係る申告から、法人税の申告の際には、法人番号を記載することとなっています。また、支払調書等には、法人番号欄が追加されています（Q86参照）。

また、民間でも、同一事業者において部署ごとに同一の取引先を①株式会社A（所在地B）、②A社C部（所在地B）、③株式会社A（所在地C）という

ようにバラバラに把握している場合、法人番号を照合することにより名寄せ、識別等を行うといった利用が考えられています。

　さらに、今後は行政機関間での情報連携が図られ、行政手続における届出・申請等のワンストップ化が実現することにより法人の負担が軽減される、民間での情報連携により事業者間取引における添付書類の削減等の事務効率化が期待されるといった、利用範囲の広がりも期待されています。

Q28

従業員の入社・退社に伴うマイナンバーの手続について気をつける点はありますか？

A

　民間事業者が新たに従業員を雇用した場合、または従業員が退社した場合、その事業者は、健康保険・厚生年金保険被保険者資格取得届を提出する等、税・社会保険に関する届出が必要となります。これらの書類には、マイナンバーを記載しなければならないものがありますから、マイナンバーを適切に取得、管理、利用、提供、廃棄するよう注意が必要です。

解説

1 入社時の手続とマイナンバー

(1)　入社時の社会保険関係手続

　株式会社等の法人の事業所や、従業員が常時 5 人以上いる個人事業主（農林漁業、サービス業等は除きます）に、常時使用される者（ただし、日々雇われる者等は入りません。また、パートタイマーは労働日数、労働時間、就労形態、勤務内容等から、「常用的使用関係」があるか総合的に判断されます）は、その従業員の国籍や性別、賃金の額等に関係なく、すべて健康保険および厚生年金の被保険者となります。なお、原則として、70歳以上の人は健康保険のみの加入となります。

　また、1 週間に20時間以上、かつ31日以上雇用関係が続くと見込まれる者（ただし、65歳以上の人を除きます）は、原則として雇用保険の対象となります。このような者を雇用する場合、民間事業者においては、以下のような社会保険関係の手続が必要となります。

書類の種類	提 出 先	期 限	マイナンバー記載欄の有無
健康保険・厚生年金保険の資格取得届	日本年金機構（事務センターまたは年金事務所）および健康保険組合※	入社後5日以内	有（平成29年1月1日分から）
健康保険被扶養者届	日本年金機構（事務センターまたは年金事務所）および健康保険組合※	入社後5日以内	有（平成29年1月1日分から）

国民年金第3号被保険者 資格取得届	日本年金機構 （事務センターまたは年金事務所）および健康保険組合※	入社後 5日以内	有（平成29年 1月1日分 から）
雇用保険被保険者 資格取得届	公共職業安定所 （ハローワーク）	入社日の 翌月10日	有

※日本年金機構によるマイナンバーの取扱いは当面延期されています。また、事業主が厚生年金基金に加入している場合、当該基金にも届出が必要となり得ます。なお、全国健康保険協会（いわゆる協会けんぽ）への提出は必要ありません。詳しくは、人事担当者（さらには社会保険労務士等）にご確認ください。

　これらの届出書類には、マイナンバーの記載欄が設けられています（マイナンバーが記載されることになる書類については、Q23参照）。このため、入社後速やかにマイナンバーを利用することができるように、社内規則等に従って、入社時（入社に関する誓約書が出されている等入社が確実と思われる場合は、入社前でも構わないとされています）に、マイナンバーの提供を求めるようにすべきでしょう。

　マイナンバーを取得する際には、①利用目的を通知し、②本人確認を忘れずに行うようにしましょう（利用目的の通知についてはQ15、本人確認方法についてはQ16参照）。

　取得したマイナンバーは、法令、ガイドライン、社内規則に従い、適切な方法で保管しなければなりません（保管方法については、Q31参照）。

(2)　入社時の税務関係手続

　また、民間事業者は、従業員の入社時に、給与所得者の扶養控除等（異動）申告書の提出を受けることになります（その年の最初に給与の支払を受ける日の前日までに提出）。この書類にも、本人と扶養親族のマイナンバーを記入する欄が設けられていますので、この書類にマイナンバーを記入させることに

よりマイナンバーを収集する事業者も少なくないでしょう。なお、給与所得者の扶養控除等（異動）申告書は、これまでと同様に給与支払者たる民間事業者で保管し、税務署等から提出を求められた際に提出できるようにしておけば問題ありません。

　なお、主に中途採用者の場合に、地方税に関して「特別徴収への切替依頼書」を提出することがありますが、この書類には、マイナンバーは記載されません。

2 退社時の手続とマイナンバー

(1)　退社時の社会保険関係手続

　健康保険・厚生年金、または雇用保険の被保険者であった従業員が退職した場合、その資格喪失の届出を提出しなければなりません。

書類の種類	提 出 先	期　　限	マイナンバーの有無
健康保険・厚生年金保険の資格喪失届	日本年金機構（事務センターまたは年金事務所）および健康保険組合※	退職後5日以内	有（平成29年1月1日分から）
雇用保険被保険者資格喪失届	公共職業安定所（ハローワーク）	退職日の翌日から起算して10日	有

雇用保険被保険者離職証明書	公共職業安定所（ハローワーク）	同上。ただし、退職した従業員が希望しなければ不要（59歳以上の場合を除く）	無

※日本年金機構によるマイナンバーの取扱いは当面延期されています。また、事業主が厚生年金基金に加入している場合、当該基金にも届出が必要となり得ます。なお、全国健康保険協会（いわゆる協会けんぽ）への提出は必要ありません。詳しくは、人事担当者（さらには社会保険労務士等）にご確認ください。

(2)　退社時の税務関係手続

　従業員の退職時には、退職日の翌月10日までに、給与支払報告・特別徴収に係る給与所得者異動届の提出を市区町村の税務課に提出しなければなりません。

　また、従業員の場合、給与所得の源泉徴収票、（退職金があれば）退職所得の源泉徴収票を、いずれも退職日から1か月以内に本人に交付し、かつ市区町村へ提出しなければなりません。役員の場合には、上記に加え、翌年1月末日までに税務署にも提出しなければなりません。

(3)　マイナンバーの廃棄

　退社に関する書類にはマイナンバーが記載されているため、その従業員が退職した後（法定の保存期間があるものは期間経過後）速やかに、廃棄しなければなりません。廃棄のタイミング、方法についてはQ32をご参照ください。

コラム　採用時のマイナンバー取得

　新しく採用する人は、どの段階でマイナンバーを収集するのが適切でしょうか。採用面接の段階では、まだその人のマイナンバーを使うかどうかが確定していないため、マイナンバーの提供を求めることはできません。原則として、雇用契約締結（正式採用）後にマイナンバーの提供を求めるのが適切であるといえます。ただし、「内定者」が確実に雇用されることが予想される場合（正式な内定通知がなされ、入社に関する誓約書を提出した場合等）には、その時点でマイナンバーの提供を求めることができると解されています。

（厚生労働省「マイナンバー制度（社会保障分野）」(http : //www.mhlw.go.jp/stf/seisakunitsuite /bunya/0000062603.html)）

Q29

税理士への年末調整の業務委託において、マイナンバー取扱いに関する注意すべき点はありますか？

A

　マイナンバーが関連する事務を税理士に委託する場合、委託先となる税理士（または税理士法人）が安全管理措置等を講じられるよう必要かつ適切な

監督を行う必要があります。委託先の監督については、Q39も合わせてご参照ください。

解説

1 委託先の税理士の選定

　税理士に対してどのような業務まで委託するのか（例えば年末調整なら、扶養控除申告書の保管を依頼するかどうか等）、業務の範囲を明確化する必要があります。そして、委託先となる税理士が適切な安全管理措置を講じているかどうかをあらかじめ確認する必要があります。具体的な確認項目は、以下の四つが挙げられます。

① 委託先税理士におけるマイナンバー管理のための設備

② 技術水準

③ マイナンバーに従事する者に対する監督・教育の状況

④ その他の経営環境

2 税理士（税理士法人）との契約締結

　税理士に、マイナンバーを「提供」することになるので、税理士は利用目的を特定して受領しなければなりません。通常は「源泉徴収票等年末調整関係書類作成のため」等の形で利用目的を特定されることになるでしょう。税理士との間の契約において契約項目として盛り込まなければならない項目は、以下の8項目です。

① 秘密保持義務

② 事業所内からの特定個人情報の持出しの禁止

③ 特定個人情報の目的外利用の禁止

④ 再委託における条件

⑤　漏えい事案等が発生した場合の委託先の責任

⑥　委託契約終了後の特定個人情報の返却または廃棄

⑦　従業者に対する監督・教育

⑧　契約内容の遵守状況について報告を求める規定

　さらに、上記の①〜⑧の他に、加えたほうがよい項目として以下の2点があります。

⑨　特定個人情報を取り扱う従業者の明確化

⑩　監査権（委託者が委託先、再委託先等に対して実地の調査を行うことができる規定）

　このなかで特に注意すべきなのは、④の再委託における条件です。税理士は、システムを利用して年末調整の計算を行うことが一般的であるため、このような場合システム会社にマイナンバーを取り扱う業務の一部を再委託していることになると考えられます。すると、税理士に委託した会社は再委託先であるシステム会社に対しても、間接的な監督義務を負うことになります（システム会社への委託については、合わせてQ39参照）。

　したがって、税理士に対して、利用しているシステム会社がどこなのか確認すると同時に、再委託先であるシステム会社がどのような安全管理措置をとっているのかを訊く必要があります。

　システム会社における安全管理措置を確認するための質問項目としては、例えば以下の四つがあります。

　㋐　マイナンバー対応の質問に誠実に対応してくれるか

　㋑　安全管理についてきちんと説明できるか

　㋒　システムバグが生じたときの対応方法はどのようか

　㋓　組織図の公表はしているか

　これは、再委託だけではなく、再々委託についても同様です。この例でいうと、システム会社が、さらに業務の一部分を他の会社に委託した場合です。

再委託先および再々委託先がどこなのかは、すべて把握する必要があります。そのため、⑧報告を求め、かつ⑩監査権により再委託先等を含めた契約遵守状況を確認していくべきでしょう。

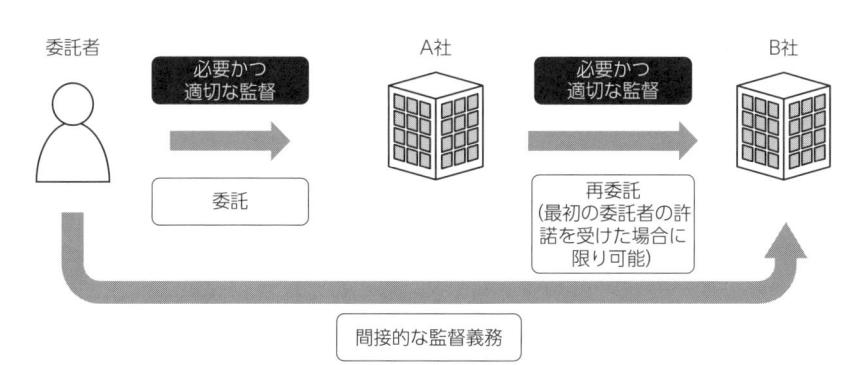

必要かつ適切な監督とは
①委託先を適切な選定、②委託先に安全管理措置を遵守させるために必要な契約の締結、③委託先における特定個人情報の取扱状況の把握
・委託者は、委託先の設備、技術水準、従業者に対する監督・教育の状況、その他委託先の経営環境等をあらかじめ確認する必要がある。
・契約内容として、秘密保持義務等を盛り込む必要がある。
・委託者は、委託先だけではなく、再委託先・再々委託先に対しても間接的に監督義務を負う。

3 委託先における特定個人情報の取扱状況のモニタリング

委託先における特定個人情報の取扱状況についても、モニタリングする必要があります。モニタリング方法としては、契約内容の遵守状況について報告を求め（2の⑧）、監査（2の⑩）によりモニタリングする方法が実務的です。さらに、再委託がなされている場合は、委託先から再委託先へのマイナンバーやマイナンバーが記載されている書類等の受渡方法も検討する必要があります。定期的に取扱状況のモニタリングをするようにしましょう。

4 委託先とのマイナンバー受渡し

委託先にマイナンバーを渡す際には、どのような手段で渡し、受け取るのかについて、明確にする必要があります。

マイナンバーの受渡しとして通常は、インターネット（電子メール）、郵送および手渡しの三つがあります。いつ、誰に、どのような手段で渡したのかを受渡記録として残す必要があります。また年末調整済のデータを受け取るときも、どのようにして受け取るのかを記録します。

なお、受渡手段としての中間業者、つまり配送業者やインターネット業者は通常、マイナンバーの中身の詳細については関知しないことから、委託先に該当しないものとされています。ただし、事業者として安全管理措置を講ずる義務があることから、マイナンバーが漏えいしないための安全な配送方法を指定する等の措置を講じる必要はあります。

Q30

社会保険労務士への業務委託において、マイナンバー取扱いに関する注意すべき点はありますか？

A

社会保険労務士（以下、「社労士」）も委託先である以上、安全管理措置等が講じられるよう必要かつ適切な監督を行う必要があります。ここでは主に

Q29の税理士への年末調整の業務委託とは異なる点のみ解説します。

解説

　まず、社労士にどのような内容を委託するのかを、明確にする必要があります。例えば、雇用保険・健康保険に関する業務のみを委託するのか、厚生年金等に関する業務もすべて委託するのかを決定します。委託の際にはマイナンバーを「提供」することになるのですから、社労士との契約には、健康保険・厚生年金保険届出事務等と利用目的を特定して契約書に明示することになります。

マイナンバーの保管

Q31

マイナンバーの保管はどのように行えばよいですか？

A

　収集したマイナンバーを保管してよい場合は、法令で厳格に定められています。また、保管にあたっては、マイナンバーの漏えい、滅失または毀損等を防ぐため、必要かつ適切な措置を講じなければならないとされています。

解説

1 マイナンバーの保管が認められる場面

　マイナンバーが取り扱われるのは、社会保障・税・災害対策分野の行政手続に関する場面に限られているという点はこれまでも述べたとおりです。マイナンバーの提供（法人格を超えて移転すること）が許されるのは、具体的には、①民間事業者を含む個人番号関係事務実施者が、例えば税務署に源泉徴収票を提出するというような「個人番号関係事務」を処理するために必要な限度でマイナンバーを提供するとき、②そのために、従業員が、民間事業者に対して、本人やその扶養親族のマイナンバーを提供するときといった限られた場面となります（番号法19条各号に列挙されています）。

　マイナンバーの「保管」は、そもそも法令で想定されているマイナンバーの「提供」に備えてなされるものですから、マイナンバーの保管が認められる場合も上記の場合に限られることになります（番号法20条は、19条各号の場合を除き、マイナンバーを保管してはならないとしています）。

2 マイナンバーの保管方法

(1) マイナンバーの保管に関する番号法上の義務

　法令でマイナンバーの保管が限定的に認められているとして、その保管方法についてはどのように行うべきでしょうか。マイナンバーが万が一漏えいしてしまうと、マイナンバーは単なる番号の組合せであるため、データマッチングが容易であり、様々な情報と紐付けられ、その被害が甚大なものになるといわれています。

　マイナンバーの漏えい、滅失または毀損を防止するため、番号法では、マイナンバーを取り扱う民間事業者に対して、「安全管理のために必要かつ適切な措置」を講じなければならないとしています（個人情報保護法20条、番号法12条、33条）。

　また、社内、事業所内でマイナンバーを一括管理するため、従業員等のマイナンバーを含むファイルを作成することがあるかもしれません（具体的には、電子ファイルであれば、マイナンバーと社員の氏名等を表にして検索できるようにしたもの、紙のファイルであれば、五十音順に並べたもの等）。しかし、いずれも番号法28条でいう「特定個人情報ファイル」に該当し得るため、必要な場面にしか作成すべきではないでしょう。例えば、税務署に対する手続書類の提出、そのための作成管理のためであれば作成が認められるでしょうが、社員の成績管理のためのファイルにマイナンバーも一緒に記録して管理するようなことは認められません。

(2) 保管方法

① 紙の場合

　マイナンバーが記載された紙媒体を保管する場合、マイナンバーの漏えい等を防ぐため、鍵がかかるキャビネットや金庫に保管すべきでしょう。鍵については、特定個人情報管理責任者、特定個人情報管理担当者のうち必要最小限の範囲の者が保管するようにしましょう。

② 電子ファイルの場合

　マイナンバーを電子ファイルに入力して保管する場合、社内で保管しているのか、それともクラウド・サービスを利用しているのかによってその保管方法が異なります。

　社内で保管しているということであれば、当該電子ファイルが保管されている電子媒体（パソコン等）を鍵のかかるキャビネットや金庫に保管したり、ワイヤーで固定したりします。サーバールーム等別室に保管されているのであれば当該エリアへの立入権限を設けるべきでしょう。ＩＤ、パスワードによる認証が必要であることはいうまでもありません（詳しくは、Q37、38参照）。

　近時は、マイナンバーがクラウド上で保管されている場合も少なくありません。この場合、クラウド・サービスを提供している事業者が、当該マイナンバーを含む電子データにアクセスできるかたちとなっている場合、当該事業者にマイナンバーの保管を委託していることになります。この場合は、上記の社内での安全管理に関する体制づくりに加えて、クラウド・サービスの事業者にそのサービス内容やセキュリティ対策を聞き取る等して適切な委託先を選定し、継続的に委託先の監督を行うことが必要となります。委託先との契約内容や、委託先の監督方法については、Q39をご参照ください。

　なお、クラウド・サービスを提供している事業者との契約において、その事業者が個人情報を含む電子データを取り扱わない旨が定められており、取り扱うことができないように十分なアクセス制御を行っているといった場合は、そもそもマイナンバーの取扱いを委託していることにはなりません。

(3)　その他の体制

　マイナンバーの漏えい等を防ぐため、マイナンバーの保管に関しては、組織体制の整備や、マイナンバーの保管に関わる担当者の教育・監督等も必要となります。また、これらの安全管理措置については、継続的チェックも怠らないようにしましょう。安全管理措置については、Q34〜40をご参照ください。

マイナンバーの廃棄

Q32

マイナンバーは、いつ、どのような方法で廃棄したらよいですか？

A

　マイナンバーは、個人番号関係事務処理のために必要がなくなった場合で、法令において定められている保存期間を経過したときは、できるだけ速やかに廃棄または削除しなければなりません。廃棄は、容易に復元できない方法によらなければなりません。

解説

1 マイナンバーの廃棄時期

　そもそもマイナンバーは、番号法で規定された場面においてのみ収集、保管、利用および提供されるものですから、民間事業者において、保管の必要がなくなり、かつ法令で一定期間保存が義務付けられている書類についてはその期間が経過した場合、マイナンバーをできるだけ速やかに廃棄または削除しなければなりません。例えば、給与所得者の扶養控除等申告書（この書類にもマイナンバーの記入欄が設けられています）は7年間保存しなければなりませんが、この保存期間経過後には社内にいつまでも置いておかずに、速やかに廃棄しなければいけません。

　「できるだけ速やかに」というのは、実際のところ、いつ廃棄または削除すればよいのでしょうか。これは事業者において自主的に判断されることになりますが、マイナンバーの保有に係る安全性と事務の効率性等を勘案して、

　毎年度末に、不要となったマイナンバーを含む個人情報の廃棄または削除を行うといった運用も認められ得ることになります（ガイドライン（事業者編）及びガイドライン（金融業務）Q&A、Q 6 - 5 ）。

　なお、複数の事務を利用目的に挙げ、それぞれの事務ごとに別個のファイルでマイナンバーを保管しているのであれば、それぞれの事務についてマイナンバーを利用する必要がなくなった時点で、それぞれのファイルごとに廃棄または削除すべきこととなります。他方で、マイナンバーをまとめて一つのファイルに保管しているのであれば、すべての利用目的で個人番号関係事務に必要がなくなった時点で廃棄または削除することとなります（ガイドライン（事業者編）及びガイドライン（金融業務）Q&A、Q 6 - 6 ）。

2 マイナンバーの廃棄・削除方法

　マイナンバーの廃棄・削除方法として、以下がガイドライン（事業者編）に例示されています。いずれにしても、容易に復元できない方法で行わなければなりません。

紙媒体の場合	焼却または溶解
	シュレッダーにかける
	マイナンバー部分のマスキングまたは削除
電子ファイルの場合	機器や電子媒体等の物理的な破壊
	機器や電子媒体等についてデータ削除ソフトウェアの利用
	機器や電子媒体等内の特定個人情報ファイル中の一部のデータの削除

ガイドライン（事業者編）等では、詳細は示されていないことから、事業者が適切な判断を行うようにする他ありませんが、例えばパソコン上で「ごみ箱」に移しただけでは、復元が容易なため削除したとはいえないでしょう。他方、データ復元ソフトを特別に購入し利用しない限り復元できないような場合であれば、通常は、容易に復元できない場合に該当するでしょう。

　また、マイナンバーを取り扱う情報システム、マイナンバーが記載された書類等については、保存期間経過後のマイナンバーの廃棄・削除を前提としたシステム・手続を構築しなければなりません。

3 マイナンバーの廃棄・削除の際の記録

　マイナンバーを廃棄・削除した場合には、取扱規定に従って、その記録を保存しなければなりません。具体的には、特定個人情報ファイルの種類・名称、廃棄・削除の責任者、担当部署、廃棄・削除の方法等が挙げられます。廃棄・削除を外部の業者に委託している場合には、委託先が確実に削除または廃棄したことについて、証明書等を提供してもらうことにより確認しなければなりません。

マイナンバー制度の将来

Q33

マイナンバー制度の今後の可能性には、どのようなものがありますか？

A

　現在の利用範囲である社会保障・税・災害対策の三つの行政分野の事務以外での利用として、医療分野や民間での活用については、法律の施行の状況等を勘案し、３年後を目途に検討を進めるとされています。

解説

1　マイナンバーの利用範囲と平成27年番号法改正について

　マイナンバーそのものの利用範囲は、社会保障・税・災害対策の三つの行政分野とされており、具体的には、法律または地方公共団体の条例で限定的に定められています。

　番号法成立後まもなく、平成26年６月24日に改定された世界最先端ＩＴ国家創造宣言を経て、平成27年通常国会には番号法の改正法案が提出され、同年９月３日に改正案が可決、同９日に公布されました。ここでは、これらの三つの行政分野においてマイナンバーのさらなる利用推進、具体的には金融分野、医療分野等における利用範囲の拡充が図られました。主な改正は以下のとおりです。原則として、公布から２年以内の施行とされています（なお、内閣官房の資料等では、預貯金口座の付番は平成30年を目途とするとの表現がなされています）。Q3も合わせてご参照ください。

① 預貯金口座へのマイナンバーの付番
・預金保険機構等によるペイオフのための預貯金額の合算に用いる。
・社会保障制度における資力調査や税務調査において預貯金情報を効率的に利用する。
② 医療分野における利用範囲の拡充
・健康保険組合等が行う被保険者の特定健康診査情報の管理等に利用する。
・予防接種履歴について、地方公共団体間での情報提供ネットワークシステムを利用した情報連携を可能とする。
③ 地方公共団体による利用
・すでにマイナンバー利用事務とされている公営住宅（低所得者向け）の管理に加え、特定優良賃貸住宅（中所得者向け）の管理において、マイナンバーの利用を可能とする。
・地方公共団体が条例により独自にマイナンバーを利用する場合においても、情報提供ネットワークシステムを利用した情報連携を可能とする。
・地方公共団体の要望等をふまえ、雇用、障がい者福祉等の分野において利用事務、情報連携の追加を行う。

2 今後の活用

　現在の利用範囲である社会保障・税・災害対策の三つの行政分野の事務以外での利用については、「法律の施行の状況等を勘案し、国民の理解を得る必要があることから、3年後くらいを目途に検討を進め」るとされています。

　なお、マイナンバーカードやマイナポータルについては、マイナンバーそのものを使うものではないことから、法改正等を伴わずに、民間活用を含めて利活用をすることができるとされています。

3 マイナンバーカードの活用例

(1)　マイナンバーカードの特長

　このマイナンバーカードは、専用の読取端末を通じて、安全かつ簡単にマイナンバーを伝えることができます。人間による目視や書写しではなく、機械同士（カードと読取り端末）で電子的に認証するため、途中で不正に番号が書き換えられる等がなくセキュリティ面で大きなメリットがあります。

　また、マイナンバーカードのＩＣチップ内には「電子証明書」を保存できます。電子証明書とは、インターネット等の電子的なやり取りのなかでメッセージやデータの送受信を行っている人の本人証明をするために作られた特殊な電子データのことをいい、例えば、ネットショッピングのサイトにアクセスする際には、あらかじめ登録しておいたＩＤとパスワードを入力してログインすることが多いと思われますが、さらに電子証明書を併用することでネット上での本人確認の信頼性がより向上するものです。

　マイナンバーカードのＩＣチップ内の電子証明書には、利用者が現在住む市区町村が発行した「署名用」と「利用者証明用」の二つが入ります。署名用の電子証明書は、税務署や区役所等に電子データを送付する際、送付した方がそのデータを作成したことを証明するもので、すでにe-Taxの確定申告等で利用されています。利用者証明用の電子証明書は、新たに発行され始めたもので、Ｗｅｂサイト等へあらかじめ登録した者として、ログインする際に利用できます。

　こうしたＩＣカードが持つ機能は、施行時から唯一民間に開放されています。今まで行政機関等に限って認められていた電子証明書の利用は、総務大臣の認可を受ければ、民間事業者でも利用できます。例えば、銀行等のネットバンキング、医療機関等のサイト、ショッピングサイト等の民間サービスにおける、最初のユーザー登録やログイン等でのマイナンバーカードに収められた電子証明書の利用が待たれています。

(2)　地方公共団体による活用

　マイナンバーカードは、身分証明書としての機能をも果たすものですが、これに加えて、市区町村の図書館カードや印鑑登録証明書等地方公共団体が定めるサービスに利用することが想定されています。内容は各地方公共団体によって異なりますが、コンビニで住民票の写し等の証明書の交付を受けることを可能とする地方公共団体が増えるといわれています。マイナンバーカードの利用については、Q2を合わせてご参照ください。

(3)　民間活用

　マイナンバーカードの民間での活用は(1)で述べたものの他、クレジットカード、キャッシュカードとしての利用が期待されています。

4 医療情報との連携による活用例

　番号法施行時には、病歴や服薬の利益等個人の医療情報とマイナンバーを紐付けるかたちでの医療分野におけるマイナンバーの利用は認められませんでした。これは、医療情報はプライバシーに大きく関わるものであることが理由として挙げられます。

　もっとも、地域での医療・介護連携や新薬の研究開発等、情報を有効に活用することが、医療費削減、医療の質の向上、医学研究の発展等に資するとの主張も強く、今後、医療等の分野に特化したＩＤ（医療等ＩＤ）を導入したうえで、マイナンバーカード等、マイナンバー制度のインフラを最大限活用して、情報連携を進める方向で検討がなされています。

医療分野におけるマイナンバーの活用事例

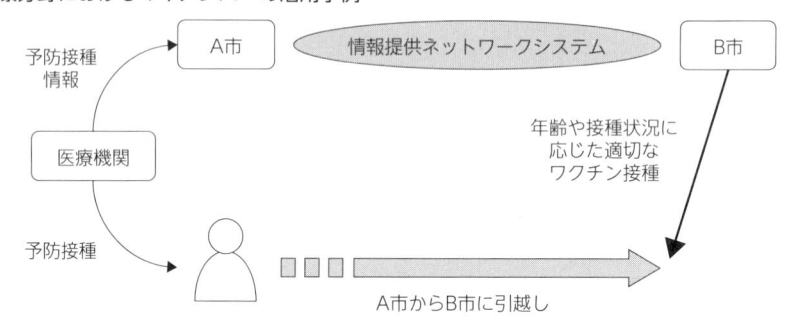

　医療等ＩＤとは、各医療機関や薬局、地域医療ネットワークで独自に使われている既存番号を結び付け、患者の診療・服薬情報を共有する新たな番号をいいます。

　このような医療等ＩＤの利用が開始された場合、医療機関や地域医療連携において、以下のような場面で利用することが想定されています。

患者	窓口でマイナンバーを伝えて、被保険者であるという確認を受ける
医療機関	患者情報に含むマイナンバーを管理し、電子カルテ・レセプト等に医療等ＩＤを連動させる 患者の同意を得て診療情報を各医療機関で共有し、かかりつけ医・中核病院・在宅医療支援等にて地域医療連携を行う
医師	医療等ＩＤを元に、より効果的な診療を行う
調剤薬局	診療情報を共有することで、調剤業務の効率化と安全で的確な服薬指導を行う

第2章

マイナンバーの安全管理

事業者が講ずべき安全管理

Q34

民間事業者が講じるべき安全管理措置とは何ですか？

A

　マイナンバーを取り扱うことになる民間事業者は、マイナンバーの漏えい防止等のため、必要かつ適切な安全管理措置を講じる義務があります。具体的には、①基本方針の策定、②取扱規程の策定、③組織的安全管理措置の構築、④人的安全管理措置の構築、⑤人的安全管理措置の構築、⑥物理的安全管理措置の構築、⑦技術的安全管理措置の構築が求められます。

解説

1 安全管理措置とは

　「個人番号関係事務実施者」または「個人番号利用事務実施者」として、マイナンバーを取り扱うことになる民間事業者は、マイナンバー等の特定個人情報の漏えい、滅失または毀損の防止その他の特定個人情報の安全管理のために、必要かつ適切な安全管理措置を講じなければならないとされています（番号法12条、33条、34条、個人情報保護法20条、21条）。

2 安全管理措置の検討手順

　マイナンバー等の特定個人情報に関する安全管理措置については、以下のような手順で検討を行うことになります。

(1)　マイナンバーを取り扱う事務の範囲と特定個人情報の範囲の明確化

　まず、自社でどのような事務においてマイナンバーを取り扱うことになるのかを明確にしなければなりません。

　例えば、①人事部において従業員のマイナンバーを取得し管理することになる、②経理部において個人事業主である研修講師からマイナンバーを取得し管理することになる、③営業部門で個人の大家さんからマイナンバーを取得し、その後総務部で管理し、支払は経理部が行い支払調書を発行する等、いろいろなパターンが考えられます。このようにマイナンバーの取得と同時に、どのような個人情報（氏名、生年月日等）を取得するのかも明確にしなければなりません。これによって、その後の手順や、**3**で説明する安全管理措置の内容が変わってきますので、漏れのないように業務を見直し、マイナンバーに関する事務を洗い出すようにしましょう。

(2)　事務取扱担当者の明確化

　社内のどの部署が、あるいは誰が、マイナンバーを取り扱うことになるのかがみえてきたら、事務取扱担当者を明確にしましょう。

　例えば、上記の、「③営業部門で個人の大家さんからマイナンバーを取得し、その後総務部で管理し、支払は経理部が行い支払調書を発行する」の例では、誰が事務取扱担当者になるのでしょうか。この場合は、総務部の担当者に加え、マイナンバーが書かれた書類が入った封筒を受け取る営業担当者も、支払調書にマイナンバーを記入する経理部の担当者もすべて「事務取扱担当者」となります。

　事務取扱担当者に該当すると、その者には取扱規程に従った取扱いが求められ、また、誓約書の取得や定期的な研修の対象となったりします（Q35、Q36等参照）。

(3)　基本方針、取扱規程の策定

　(1)(2)をふまえ、マイナンバーの適正な取扱いの確保に組織としてどのよ

うに取り組むか、その基本方針を策定することが重要となります。

また、基本方針のもとで、社内の安全管理体制を具体化していくためには、社内規程として、マイナンバーの取扱いに関する取扱規程を作成する必要があります。

基本方針および取扱規程については巻末の参考資料をご参照ください。

3 安全管理措置の内容

具体的には、①基本方針の策定、②取扱規程の策定、③組織的安全管理措置の構築、④人的安全管理措置の構築、⑤物理的安全管理措置の構築、⑥技術的安全管理措置の構築が必要とされています。

民間事業者ごとに、取り扱うマイナンバーを含む特定個人情報の範囲や、事務取扱担当者の範囲は異なるでしょう（**1**参照）。各団体の特性や規模を考慮した安全管理措置の内容が必要となります。

それぞれの概要については、以下のとおりです。詳しくは、Q35以下をご参照ください。

安全管理措置の内容	例
① 基本方針	マイナンバー等の適正な取扱いの確保についてのもの。事業者の名称、関係法令・ガイドライン等の遵守、安全管理措置に関する事項、質問および苦情処理の窓口等を記載するのが一般的（プライバシーポリシーのマイナンバー版というイメージ）
② 取扱規程	取得➡利用➡保存➡提供➡廃棄といった段階ごとに、誰が（責任者・事務取扱担当者）が、実際どのように取り扱うことになるのかその方法等について 各安全管理措置で定めた内容を盛り込むこと

	が重要
③　組織的安全管理措置	組織体制の整備、明確化 〔例〕 ・事務取扱責任者と事務取扱担当者がそれぞれ誰になるのか、責任、役割の明確化 ・マイナンバーを複数部署で取り扱う場合の各部署の責任、役割の明確化 ・事務取扱担当者が取り扱う特定個人情報等の範囲 ・責任者への報告連絡体制 ・情報漏えい等事案への対応
④　人的安全管理措置	事務取扱責任者の教育、監督等
⑤　物理的安全管理措置	マイナンバーを取り扱う区域の管理、機器や電子媒体の盗難防止、書類や電子媒体を持ち出す場合の漏えい防止対策等
⑥　技術的安全管理措置	アクセス制御、アクセス者の識別・認証、不正アクセス防止策等

Q35

組織的安全管理措置とは何ですか？

A

　安全管理措置のうち、組織として安全管理体制を整備していくことを「組織的安全管理措置」といいます。事務取扱担当者の選任や指示系統の整備、

組織として取り扱う特定個人情報の範囲の明確化、情報漏えいや取扱規定に
違反する事案が発生したときまたは、その兆候があったときの報告体制の整
備を行います。

解説

1 組織体制の整備

　マイナンバーを適切に管理していくためには、事務取扱担当者の選任はも
ちろんですが、その事務取扱担当者の管理監督を行うための責任者の選任が
重要です。

　また、マイナンバーを適切に取り合うために取扱規程を策定し、これに基
づいて運用していきます。この取扱規程に沿って適切な運用が行われている
かどうかをチェックし、不正があったときまたは、不正の兆候があったとき
の報告体制の整備も定めておく必要があります。その他、状漏えいがあった
ときやその疑いを察知したときの対応方法も取扱規定に明記しておくとよい
でしょう。例えば、以下の項目について整備しましょう。

- 事務における責任者の設置及び責任の明確化
- 事務取扱担当者の明確化及びその役割の明確化
- 事務取扱担当者が取り扱う特定個人情報等の範囲の明確化
- 事務取扱担当者が取扱規程等に違反している事実又は兆候を把握した場合
  の責任者への報告連絡体制
- 情報漏えい等事案の発生又は兆候を把握した場合の従業者から責任者等へ
  の報告連絡体制
- 特定個人情報等を複数の部署で取り扱う場合の各部署の任務分担及び責任
  の明確化

出典：ガイドライン（事業者編）P52

　組織が大きくなったり人数が増えてきたりすると、責任者や指示系統、事案発生時の報告方法が複雑になったりあいまいになったりすることは、マイナンバーの管理に限ったことではありません。基本方針や取扱規程の策定を通じてこうしたことを明確化していくことが重要です。

2 取扱規程等に基づく運用

　マイナンバーは、取扱規定に基づき適正に運用していきます。そして、適正な運用がされているかどうか、以下のような点について定期的に記録していく必要があります。

- 特定個人情報ファイルの利用・出力状況の記録
- 書類・媒体等の持出しの記録
- 特定個人情報ファイルの削除・廃棄記録
- 削除・廃棄を委託した場合、これを証明する記録等
- 特定個人情報ファイルを情報システムで取り扱う場合、事務取扱担当者の情報システムの利用状況（ログイン実績、アクセスログ等）の記録

出典：ガイドライン（事業者編）P52

　クラウドサービス等を活用してマイナンバーの管理を実施する場合には、マイナンバーの保管・利用・廃棄等の記録が自動的に管理されるものもあります。

　紙媒体等で管理を行う場合には、これらの記録を適切に管理していく必要があります。また、パソコン等の情報機器を使用してマイナンバーを管理していく場合には、その情報機器そのものの使用についての管理（マイナンバーを管理しているパソコンの使用を制限する等）も行う必要があります。これらの方法について、取扱規程に明記して適切に運用していきます。

3 ▶ 取扱状況を確認する手段の整備

マイナンバーが記録されている特定個人情報ファイルの取扱状況については、いつ・誰が・どんな目的で使用したのかといった以下のような取扱状況を記録しておく必要があります。

- 特定個人情報ファイルの種類、名称
- 責任者、取扱部署
- 利用目的
- 削除・廃棄状況
- アクセス権を有する者

出典：ガイドライン（事業者編）P52

取扱状況の確認手段としては、クラウドサービスを活用して自動的に使用履歴を記録する仕組みを導入したり、管理簿を作成したりして管理する方法が考えられます。なお、管理簿等にはマイナンバーを記載することのないようにしましょう。

4 ▶ 情報漏えい等事案に対応する体制の整備

どんな対策をとっていたとしても情報漏えいは起こり得るものです。その考えのもとで、情報漏えいが発生した時点、あるいはその疑いが生じた時点での適切かつ迅速な対応や二次被害の防止が重要です。

また、類似事案の発生防止のためにも、事案の内容によって事実関係や再発防止策の公表が求められます。以下の対応がとれるよう、体制を整備しておきましょう。

- 事実関係の調査及び原因の究明
- 影響を受ける可能性のある本人への連絡
- 委員会及び主務大臣等への報告
- 再発防止策の検討及び決定

> - 事実関係及び再発防止策等の公表

出典：ガイドライン（事業者編）P53

　情報漏えいが不正によるものかどうかに関わらず、適切かつ迅速な対応が必要です。まずは、事実関係を把握するために「誰に」「何を」報告をするのかという報告連絡体制を確認しておきます。

5 取扱状況の把握および安全管理措置の見直し

　マイナンバーを含む特定個人情報の取扱いについて、制度導入時に取扱規程を作成してそれで終わり、というわけではありません。定期的な安全管理体制の評価や見直し、改善が必要です。

> - 特定個人情報等の取扱状況について、定期的に自ら行う点検又は他部署等による監査を実施する。
> - 外部の主体による他の監査活動と合わせて、監査を実施することも考えられる。

出典：ガイドライン（事業者編）P53

　事務取扱責任者による事務取扱担当者への監査の他、事業者全体としての安全管理体制についても定期的に見直し、改善を行っていくことが重要です。

Q36

人的安全管理措置とは何ですか？

A

安全管理措置のうち、従業員に対する安全管理措置のことをいいます。選任した事務取扱担当者に対して、教育・研修や適切な監督を行います。

解説

1 事務取扱担当者の明確化

マイナンバーをはじめとした特定個人情報が民間事業者内で取り扱われる際、マイナンバーの紛失、毀損等の情報漏えいが起きることがないよう、誰が特定個人情報を取り扱うのか、事務取扱担当者を明確にすることが重要です。具体的には従業員や役員等、可能な限り事務取扱責任者（マイナンバーの取扱いに関する責任者であり事務取扱担当者を監督し、報告を受ける立場となります）および事務取扱担当者を特定することが望ましいといえますが、個人を特定するのが難しい場合には、人事部や総務部または、例えば人事部のなかでも社会保険加入手続を行う者といったかたちで、部署のなかの特定の業務を担当する者とする等可能な限り明確にしなければなりません。部署名等で事務取扱担当者を特定できない場合には、事務取扱担当者として個人を指名する必要があると考えられます。なお、事務取扱担当者は必ずしも1人である必要はありませんが、事務取扱担当者があまりに広範囲かつ多数に上ると、安全管理措置を実施するコスト上昇、漏えい・紛失等のリスク上昇が考えられるため、適切な範囲に限るようにしましょう。

事務取扱担当者の範囲は、マイナンバーの取扱い（収集、保管、利用、廃棄の一連の過程）に関与する者をいい、上記のような人事部や総務部の従業員に限られません。例えば、訪問先で通知カードおよび身分証明書のコピーを受領し、会社に持ち帰る営業担当者も、事務取扱担当者に該当することに

なります。

2 ▶ 事務取扱担当者の監督

　ガイドライン（事業者編）では、事務取扱担当者への監督について「事業者は、特定個人情報等が取扱規定等に基づき適正に取り扱われるよう、事務取扱担当者に対して必要かつ適切な監督を行う」と定めています。

　具体的な方法としては、就業規則や社内規程に特定個人情報の取扱いに関する事項や情報漏えいをさせた場合の懲戒規定を盛り込むといった方法や、事務取扱担当者の選任時に秘密保持誓約書を取り交わすという方法、事務取扱担当者に対して定期的な監査を行う方法等も考えられます。また、事務取扱担当者の解任時や変更時、退職時にも誓約書を取り交わすとより確実といえるでしょう。

3 ▶ 事務取扱担当者の教育

　上記のガイドライン（事業者編）では、事務取扱担当者への教育については、「事業者は、事務取扱担当者に、特定個人情報等の適正な取扱いを周知徹底するとともに適切な教育を行う」と定めています。

　具体的な方法としては、チェックリストを使ってマイナンバーの取扱いについて定期的な理解度チェックを行ったり、定期的にマイナンバー制度やその取扱いについて研修を行ったりすることが考えられます。また、研修を受講させた場合には、テストを実施したり受講報告書を作成させたりする等教育・研修を行った記録を保存することも重要です。これらの教育・研修の受講義務について、取扱規定等に定めることも効果的です。

4 ▶ 一般従業員への教育

　マイナンバーを実際に取り扱うのは事務取扱責任者、あるいは事務取扱担

当者です。しかし、事務取扱担当者ではない上司のもとへ誤ってマイナンバーを提出してしまう従業員もいるでしょう。その際には、上司は受け取らず事務取扱担当者への提出を促す、事務取扱担当者以外には提示しないよう指導する等の対応が必要です。事務取扱責任者、あるいは事務取扱担当者以外は、マイナンバーを取り扱わない、受け取らないといったことを周知徹底していく必要があります。取引先等からマイナンバーの提出を求められた場合があったとしても、法律で定められたとき以外は、他人のマイナンバーはもちろん、自らのマイナンバーについても提出・提示しない等一般従業員へのマイナンバー教育も重要です。

Q37

物理的安全管理措置とは何ですか？

A

　安全管理措置のうち、マイナンバーを取り扱うパソコン等の機器に盗難防止の措置を講じたり、マイナンバーを管理する区域を区切ったりする等の対応を「物理的安全管理措置」といいます。物理的安全管理措置については、事業者ごとにオフィスの間取りや設備も異なりますので、様々な対応方法が考えられます。

解説

1 特定個人情報等を取り扱う区域の管理

　事務取扱担当者がマイナンバーをパソコンへ入力するときに、座席の後ろを通った人からみえてしまったり、マイナンバーの受渡しをするときの書類や会話のなかからマイナンバーが周囲に漏れてしまったりすることのないように、取扱区域を明確にする必要があります。

> - 管理区域に関する物理的安全管理措置としては、入退室管理及び管理区域へ持ち込む機器等の制限等が考えられる。
> - 入退室管理方法としては、ICカード、ナンバーキー等による入退室管理システムの設置等が考えられる。
> - 取扱区域に関する物理的安全管理措置としては、壁又は間仕切り等の設置及び座席配置の工夫等が考えられる。

出典：ガイドライン（事業者編）P54

　以下で、具体的にみていくことにします。

（1）　紙媒体での管理

　マイナンバーを紙媒体で管理を行う場合、受渡しは、決められた場所（部屋）で行う、保管についても専用の部屋または、専用の鍵のかかる保管庫等で管理を行うことが考えられます。

　その後、パソコンへ入力してデータ化を行う場合は、覗き見防止のために間仕切りを立てたり、座席の配置を工夫して後ろからみえないようにしたり等の対応が考えられます。

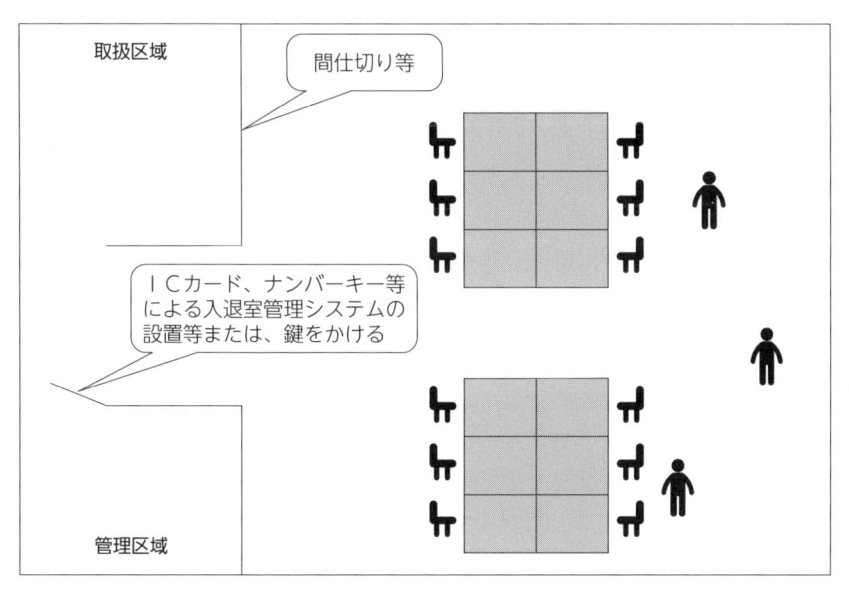

取扱区域

間仕切り等

ＩＣカード、ナンバーキー等
による入退室管理システムの
設置等または、鍵をかける

管理区域

※取扱区域…マイナンバーの受渡しをしたり回収をしたり、実際にマイナンバーを取り扱う場所
　（部屋）のこと
※管理区域…実際にマイナンバーを保管するパソコンや保管庫等が設置された場所（部屋）のこと

（2）　クラウドサービスでの管理

　事務取扱担当者がマイナンバーを預かった後にクラウドサーバへ保管するのであれば、紙媒体での管理に準じた方法が考えられます。つまり、専用の部屋等で取り扱い、クラウドサーバーへアクセスできるパソコンを限定したり、ＩＤ、パスワードでアクセス制御したりすることが考えられます（詳しくはQ37参照）。

　その他にもクラウドサービスによっては、従業員１人１人にＩＤ、パスワードが付与されて各々がクラウドサーバにマイナンバーを登録できるサービスを提供している場合もあります。安全管理措置と事務取扱担当者の負担軽減

という二つの側面からみても、有効なサービスといえます。

2 機器および電子媒体等の盗難等の防止

　マイナンバーを管理しているパソコンや記録媒体（外付けのハードディスクやＵＳＢメモリ等）、紙媒体で管理している場合にはそのファイル等に対しての盗難、持出し防止措置を講じます。例えば以下のような措置が考えられます。

- 特定個人情報等を取り扱う機器、電子媒体又は書類等を、施錠できるキャビネット・書庫等に保管する。
- 特定個人情報ファイルを取り扱う情報システムが機器のみで運用されている場合は、セキュリティワイヤー等により固定すること等が考えられる。

出典：ガイドライン（事業者編）P55

3 電子媒体等を持ち出す場合の漏えい等の防止

　ここでいう「持出し」とは、事業所の外へ持ち出すことだけではなく、マイナンバーを管理区域の外に出すことを指します。事業所内で他の場所へ持ち出す場合であっても「持出し」にあたります。持出しにあたっては、例えば以下の方法を検討するとよいでしょう。

- 特定個人情報等が記録された電子媒体を安全に持ち出す方法としては、持出しデータの暗号化、パスワードによる保護、施錠できる搬送容器の使用等が考えられる。ただし、行政機関等に法定調書等をデータで提出するに当たっては、行政機関等が指定する提出方法に従う。
- 特定個人情報等が記載された書類等を安全に持ち出す方法としては、封緘、目隠しシールの貼付を行うこと等が考えられる。

出典：ガイドライン（事業者編）P55

(1) 紙媒体や記録媒体（ＵＳＢメモリ等）を持ち出す場合

書類等の紙媒体を持ち出す場合には、中身がみえないよう封筒に入れて封緘する等の対応が考えられます。また、記録媒体を持ち出す場合には、パスワードをかけたり暗号化したりする等、容易に中のデータが閲覧できないような措置を講じます。

行政機関等への手続や離れた事業所間でマイナンバーをやり取りする場合には、書留で郵送する等、追跡可能な方法を選択する必要があります。

(2) 電子メール等で送信する場合

通信経路においては適切な技術的安全管理措置を講じます（Q37参照）。また、同じ事業所内で電子メールの送信を行う場合においてもパスワードをかけたり暗号化したりといったことが考えられます。メールアドレスの誤送信等にも注意が必要です。

4 マイナンバーの削除、機器および電子媒体等の廃棄

マイナンバーは、必要がなくなった場合には適切な方法で削除、廃棄を行わなくてはなりません。なお、マイナンバーを保管できる期間は、法令上の保管期間を勘案して最長7年（例えば、扶養控除等申告書）と考えられます。以下のような体制を整えておきましょう。マイナンバーの削除・廃棄については Q32 も合わせてご参照ください。

- 特定個人情報等が記載された書類等を廃棄する場合、焼却又は溶解等の復元不可能な手段を採用する。
- 特定個人情報等が記録された機器及び電子媒体等を廃棄する場合、専用のデータ削除ソフトウェアの利用又は物理的な破壊等により、復元不可能な手段を採用する。
- 特定個人情報ファイル中の個人番号又は一部の特定個人情報等を削除する場合、容易に復元できない手段を採用する。

> - 特定個人情報等を取り扱う情報システムにおいては、保存期間経過後における個人番号の削除を前提とした情報システムを構築する。
> - 個人番号が記載された書類等については、保存期間経過後における廃棄を前提とした手続を定める。

出典：ガイドライン（事業者編）P55

（1）　紙媒体で管理していた場合

焼却や溶解等、復元が不可能な方法で削除、廃棄を行います。

（2）　電子データで管理していた場合

専用のデータ削除ソフトウェアの利用や物理的な破壊によって削除、廃棄を行います。ただし、データベースの中の一部を削除する場合には、そのデータが復元不可能な方法で削除、廃棄を行う必要があります。例えば、現在使用しているデータを削除した場合であっても他のサーバでデータのバックアップを行っていることがあります。そのときは、バックアップデータからもデータを削除する等の対応が必要です。

（3）　削除または廃棄の記録と証明

マイナンバーの削除を行った場合には、削除または廃棄したという記録を保存します。また、マイナンバーの保管を委託していた場合には、委託先がマイナンバーを削除、廃棄した旨の証明書を交付してもらう等の対応が必要です。

（4）　削除または廃棄の時期

マイナンバーの保管期間は、税務上の取扱いを勘案して最長7年とされています。7年経過時点で速やかに削除または廃棄を行うことが望ましいといえます（マイナンバーを複数の目的ごとに個別のファイルを作成している場合は、それぞれの目的に対応した書類の保存期限が終了した時点で、対応する書類・ファイルのマイナンバーを廃棄・削除すべきことになります）。ただし、事務の効率性等を勘案して期間経過後の毎年度末に削除する等の方法も考えられます

（ガイドライン（事業者編）及びガイドライン（金融業務）Q&A、Q6-4-2、Q6-5参照）。

Q38

技術的安全管理措置とは何ですか？

A

　安全管理措置のうち、電子データでマイナンバーを管理する場合の安全管理措置のことをいいます。マイナンバーを取り扱うためのパソコンやサーバ等の情報システムへの不正アクセスや不適切な操作により、マイナンバーが漏えいすることのないようにしなくてはなりません。

解説

1 アクセス制御

　マイナンバーをデータ化して情報システムで管理を行う場合には、適切なアクセス制御を行わなくてはなりません。アクセス制御の方法には、以下のようなものが考えられます。

- 個人番号と紐付けてアクセスできる情報の範囲をアクセス制御により限定する。
- 特定個人情報ファイルを取り扱う情報システムを、アクセス制御により限定する。

> ● ユーザーＩＤに付与するアクセス権により、特定個人情報ファイルを取り
> 扱う情報システムを使用できる者を事務取扱担当者に限定する。

出典：ガイドライン（事業者編）P56

(1)　個人番号と紐付けてアクセスできる情報の範囲を限定

　マイナンバーを社員番号のように従業員管理のために利用することはできません。しかし、マイナンバーの記載が求められる書類やデータ等もあり、社員の氏名等他の情報と合わせて管理を行うことも考えられます。その場合であってもマイナンバーとその他の個人情報（住所・生年月日等）は別々のファイルにする等、容易に他の社員情報と紐付けできないようにする対応が必要です。

(2)　特定個人情報ファイルを取り扱うパソコンを限定

　マイナンバーを取り扱うためのパソコン等情報システム環境を限定する方法が考えられます。例えば、社内のスタンド・アローンである特定のパソコンのみでマイナンバーを取り扱うといった方法です。

(3)　特定個人情報ファイルを取り扱う情報システムを使用できる者を限定

　社内の特定のパソコンで管理する場合も、外部サーバやクラウドサーバで管理を行う場合でも事務取扱担当者のみにユーザーＩＤによるアクセス権限を付与し、他の従業員が操作できないようにする方法が考えられます。

2 アクセス者の識別と認証

　マイナンバーをパソコンで管理する場合には、そのパソコンに正当なアクセス権限を持った事務取扱担当者以外がアクセスできないようにしなくてはなりません。

> - 事務取扱担当者の識別方法としては、ユーザーＩＤ、パスワード、磁気・
>   ＩＣカード等が考えられる。

出典：ガイドライン（事業者編）P57

マイナンバーを管理するパソコンを操作する際には、事務取扱担当者専用のユーザーＩＤとパスワードの入力を求めたり、磁気・ＩＣカード等を挿入しないと操作できないようにしたりする等の対応が求められます。

3 外部からの不正アクセス等の防止

パソコンやサーバ等が外部から不正アクセスされたり、不正なソフトウェアを誤ってダウンロードしたりしないようにする等の対応が必要です。

> - 情報システムと外部ネットワークとの接続箇所に、ファイアウォール等を
>   設置し、不正アクセスを遮断する。
> - 情報システム及び機器にセキュリティ対策ソフトウェア等（ウイルス対策ソ
>   フトウェア等）を導入する。
> - 導入したセキュリティ対策ソフトウェア等により、入出力データにおける
>   不正ソフトウェアの有無を確認する。
> - 機器やソフトウェア等に標準装備されている自動更新機能等の活用により、
>   ソフトウェア等を最新状態とする。
> - ログ等の分析を定期的に行い、不正アクセス等を検知する。

出典：ガイドライン（事業者編）P57

不正アクセスの検知、不正アクセスの遮断や不正アクセスがあった場合に、それらからパソコンやサーバを守るためのウイルス対策ソフトウェア等を導入しアップデートするようにします。

また、パソコンのＯＳ（オペレーションシステム）は、自動更新等により常に最新を保つといった対応が必要です。

4 情報漏えい等の防止

　マイナンバーを電子メール等で外部送信をする場合において、通信経路への不正アクセスや電子メールの誤送信等により情報漏えいすることがないよう対応が必要です。

> ● 通信経路における情報漏えい等の防止策としては、通信経路の暗号化等が考えられる。
> ● 情報システム内に保存されている特定個人情報等の情報漏えい等の防止策としては、データの暗号化又はパスワードによる保護等が考えられる。

出典：ガイドライン（事業者編）P57

　電子メールでマイナンバー等の特定個人情報を送信する場合には、電子メールの本文にマイナンバーを記載すると情報漏えいのリスクがあります。

　そこで電子メールで送信する場合には、別途、Word や Excel ファイルにして、パスワードの付与、ファイルの暗号化をして送信する方法が考えられます。なお、パスワードは、ファイルと同時に送信するのではなく後から別途、送信するとより効果的です。

コラム　マイナンバーを保管しているパソコンは修理できない？

　各パソコンメーカーの修理規約を確認すると、マイナンバーがハードディスクに保管されているパソコンは修理できない旨が記載されていることがあります。

　対象機器の記憶装置（ハードディスク等）にマイナンバー（個人番号）が記憶されたデータがある場合には修理を依頼する前に、マイナンバーを消去すべきこと、修理および診断作業の過程で記憶装置（ハードディスク等）にマイナンバーが記憶されたデータが確認された場合

には、修理を実施せずに対象機器を返却することが説明されていること
とがあります。

　なぜ、パソコンメーカーはこのような規約にしたのでしょうか。それ
れは、番号法がマイナンバーの目的外利用を禁止しているからだと考
えられます。つまり、パソコンを修理することにより、メーカーが思
わぬ形でマイナンバーを取得してしまうリスクを避けるためでしょう。
思わぬ形でマイナンバーを取得してしまい、メーカーが番号法違反に
問われる可能性を避けるなら最初から修理を受け付けないとするメー
カーの考え方は理解できないものではありません。

　中小企業を中心にマイナンバーの電子データをパソコンのハード
ディスクに保管しているケースも多くみられると思います。修理を依
頼する際には、ハードディスク内部のデータが消去される可能性もあ
るため、マイナンバーを含む電子データのバックアップをとり、かつ
マイナンバーについては消去するようにしましょう。

Q39

**マイナンバーの取扱いを第三者に委託した場合、
委託先・再委託先を監督しなければならないの
ですか？**

A

マイナンバー利用事務の全部または一部について委託を行う場合には、委託元が委託先に対して「必要かつ適切な監督」をしなくてはなりません。「必要かつ適切な監督」とは、委託先を適切に選定すること、委託先と安全管理措置について適切な内容の委託契約が締結されていること、委託先でマイナンバーをどのように取り扱っているかの状況を把握することをいいます。

解説

1 委託先の監督

番号法11条では、以下のように規定されています。
「個人番号利用事務等の全部又は一部の委託をする者は、当該委託に係る個人番号利用事務等において取り扱う特定個人情報の安全管理が図られるよう、当該委託を受けた者に対する必要かつ適切な監督を行わなければならない」。

例えば、源泉徴収票作成事務等を税理士へ委託する場合、労働保険・社会保険等の手続を社労士へ委託する場合、給与計算・帳票作成等を業務ソフトを利用して行っておりマイナンバーをその業務ソフト会社のクラウドサーバで保管する場合（ただし、**4**で後述するように、委託に該当しないこともあります。また、税理士や社会保険労務士への委託については、**Q29**、**Q30**も合わせて参照）等が考えられます。このように、マイナンバーの取扱いに関する事務を委託する場合には、委託元（委託をする者）が委託先（委託を受けた者）に対して必要かつ適切な監督をすることが求められています。委託先は、委託元と同程度の安全管理措置を実施しなくてはなりません（委託元が「中小規模事業者」に該当することにより安全管理措置の内容が一部緩和される場合であっても委託先はより高いレベルの安全管理措置が求められることになります。**Q40**

参照)。なお、委託元が必要かつ適切な監督を怠ったことにより、委託先または、委託元の承諾を得て再委託された場合の再委託先がマイナンバーの漏えい等を発生させた場合には、委託元も番号法違反の責任を追及される可能性があります。必要かつ適切な監督には、以下の事項が含まれます。

> ① 委託先の適切な選定
> ② 委託先に安全管理措置を遵守させるために必要な契約の締結
> ③ 委託先における特定個人情報の取扱状況の把握

出典：ガイドライン（事業者編）P20

2 必要かつ適切な監督

（1） 委託先の適切な選定

委託先の適切な選定とは、委託元が委託先に対して、委託元と同じ程度の安全管理措置が実施されているかについてあらかじめ確認することをいいます。

具体的な確認事項としては、委託先の設備、技術水準、従業者に対する監督・教育の状況、委託先の経営環境等とされています。ただし、委託元が高度な安全管理措置を実施していた場合には、その高度な安全管理措置に合わせることまで求められているわけではありません。

なお、小規模事業者の場合は、安全管理措置の内容が一部軽減されていますが（詳しくは Q40参照）、マイナンバーの取扱いに関して第三者から委託を受ける場合は、委託先が小規模事業者であっても委託元と同程度以上の安全管理措置を講じる必要がある点に注意が必要です。

（2） 委託先に安全管理措置を遵守させるために必要な契約の締結

委託先との契約においては、以下の事項を規定すべきとされています。

規定しなければ ならない事項	・秘密保持義務 ・事業所内からの特定個人情報の持出しの禁止 ・特定個人情報の目的外利用の禁止 ・再委託における条件 ・漏えい事案等が発生した場合の委託先の責任 ・委託契約終了後の特定個人情報の返却または廃棄 ・従業者に対する監督、教育 ・契約内容の遵守状況について報告を求める規定
規定することが 望ましいとされ ている事項	・特定個人情報を取り扱う従業者の明確化 ・委託者が委託先に対する実地調査権限

(3)　委託先における特定個人情報の取扱状況の把握

　そもそも委託先におけるマイナンバーを取り扱う事務は何かを明確にしなければなりません。また、委託先の中で実際に誰がマイナンバーを取り扱うのかを明確にし、取扱状況について随時報告を求めたり、必要に応じて実地調査を行ったりできるようあらかじめ契約内容に記載しておくことにより委託先における特定個人情報の取扱状況を把握するようにしましょう。また、マイナンバーの破棄については、廃棄証明書を受領することも考えられます。

3 ▶ 再委託

　最初の委託元の許諾を得た場合には、再委託（または再々委託）を行うことができます。例えば会計事務所等に会計処理を委託している場合に、その会計事務所が実際の会計処理を事務処理会社へ再委託するときがこれに該当します。再委託、再々委託を行う場合であっても常に最初の委託元へ委託の許諾を得る必要があります。

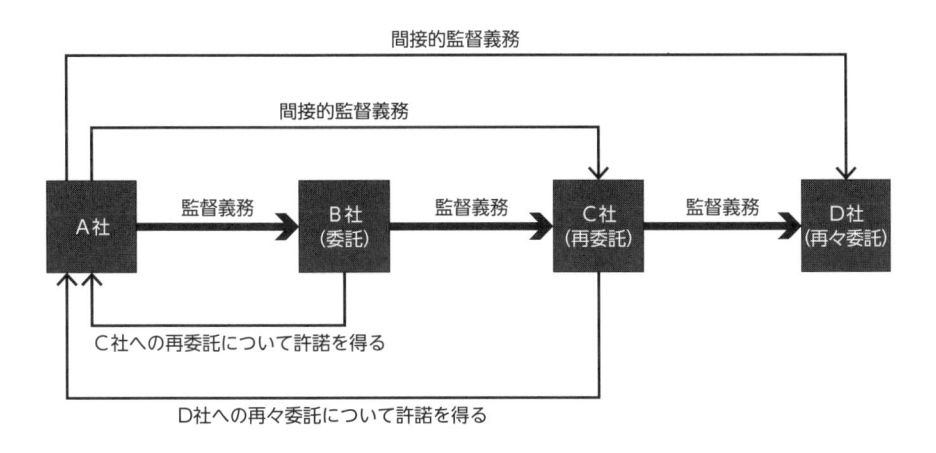

4 データの保管先としてクラウドサービスを活用する場合

　委託に該当するかどうかは、クラウドサービスを提供する事業者が実際にマイナンバーを取り扱うかどうかが判断基準になります。契約条項で、その事業者がマイナンバーを含むデータを取り扱わない旨が定められており、実際にアクセス制御によりその事業者がマイナンバーに関するデータにアクセスできないのであれば、ここでいう委託には該当しません。

　ただし、委託先において、保守や修復のためにマイナンバーを含むデータにアクセスできるようにしておくのであれば、委託に該当するものと思われます（例えば、委託元がマイナンバーを閲覧できなくなったといった障害が発生した際に、委託先において状況確認、データの修復のためにマイナンバーを含むデータにアクセスできる場合等）。

5 マイナンバーを電子データや配送によって受渡しを行う場合

　マイナンバーを電子メールで送信する場合の通信事業者や、配送によって

受渡しを行う場合の配送業者は、情報の内容、取扱いについて特別な合意がある場合を除き、委託にはあたりません。

　ただし、事業者には、安全管理措置を講ずる義務が課せられています。したがって、マイナンバーが漏えいしないよう、適切な外部事業者の選択、安全な配送方法の指定等の措置を講ずる必要があります（ガイドライン（事業者編）及びガイドライン（金融業務）Q&A、Q3-14-2）。

Q40

中小規模事業者は、どのような安全管理措置をとればよいですか？

A

　従業員数が10名ほどの小規模事業者と100人超の事業者とでは、安全管理措置としてとるべき内容も異なります。そこで番号法では、従業員100人以下の事業者等を中小規模事業者とし、安全管理措置の面で一部の基準を緩和することとしています。

解説

1　中小規模事業者とは

　「中小規模事業者」とは、事業者のうち従業員の数が100人以下の事業者であって、以下に掲げる事業者を除く事業者をいいます。

- 個人番号利用事務実施者
- 委託に基づいて個人番号関係事務または個人番号利用事務を業務として行う事業者
- 金融分野（金融庁作成の「金融分野における個人情報保護に関するガイドライン」1条1項に定義される金融分野をいいます。主に、銀行、金融商品取引業者、貸金業者、資金移動業者等）の事業者
- 個人情報取扱事業者

　中小規模事業者においては、取り扱う個人番号の数が少なく、また、特定個人情報等を取り扱うことになる役職員も限定的であること等から、他の事業者と同様の手法を採用することが望ましいものの、特例的な対応方法が示されています。

2 マイナンバー取扱規程の策定

　中小規模事業者については、取扱規程の策定は義務付けられていません。ただし、取扱方法の明確化や事務取扱担当者が交代する場合の引継ぎ方法は定めておく必要があります。こうしたことから、取扱規程の策定は必要ありませんが、マニュアルを整備する等の対応は必要になるものと考えられます。

3 組織的安全管理措置

　中小規模事業者においては、マイナンバー運用におけるシステムログの管理までは必要ありませんが、管理簿を作成する等して取扱状況を記録する必要があります。また、情報漏えい事案等に備えて報告連絡体制をあらかじめ確認しておきます。さらに、責任ある立場の者が、マイナンバーを含む個人情報の取得状況について定期的に点検を行う必要があります。Q35と合わせてご確認ください。

4 人的安全管理措置

　事務取扱責任者と事務取扱担当者の両方を置く必要は必ずしもありませんが、事務取扱担当者が複数いる場合には、その中から事務取扱責任者を選任することが望ましいとされています。Q36と合わせてご確認ください。

5 物理的安全管理措置

　マイナンバーを取り扱う区域を決めたり、間仕切りを設置したりといった事業所ごとの対応が必要です。また、パソコン等の情報機器を用いてマイナンバーの保管を行う場合には、座席の後ろを通れないようにしたり、覗き見防止対策を講じたりするといった対応も必要です。管理区域からマイナンバーを持ち出すときにも封筒に入れて封函をしたり、電子データとして持ち出す場合にはパスワードを設定したりする等、可能な範囲で対策を講じます。

　マイナンバーの削除、廃棄については、責任ある立場の者が確認することが必要です。Q37と合わせてご確認ください。

6 技術的安全管理措置

　マイナンバーを取り扱うパソコンやそれを取り扱う人を限定する、また、ユーザーＩＤやパスワードを設定して事務取扱担当者以外の人が機器の操作を行うことのないようにすることが望ましいとされています。

　Q38も合わせてご確認ください。

中小規模事業者における安全管理措置

	安全管理措置項目	中小規模事業者の例
組織的安全管理措置	１．組織体制の整備 安全管理措置を講ずるための組織体制を整備したか	事務取扱担当者が複数いる場合、責任者と事務取扱担当者を区分しているか
	２．取扱規程等に基づく運用体制の整備 運用状況を確認するため、システムログまたは利用実績を記録する体制を整備したか	取扱状況のわかる記録を保存する体制を整備しているか
	３．取扱状況を確認する手段の整備 特定個人情報ファイルの取扱状況を確認するための手段を整備したか	
	４．情報漏えい等事案への対応体制の整備 事案の発生または兆候を把握した場合に、適切かつ迅速に対応するための体制を整備したか	事案の発生等に備え、従業者から責任ある立場の者に対する報告連絡体制等をあらかじめ確認しておくこととしているか
	５．取扱状況の把握および安全管理措置の見直し体制の整備 取扱状況を把握し、安全管理措置の評価、見直しおよび改善に取り組むための体制を整備しているか	
人的安全管理措置	１．事務取扱担当者への教育 適正な取扱いを周知徹底するとともに適切な教育を行う体制を整備したか	
	２．事務取扱担当者の監督 取扱規程等に基づき適正に取り扱われるよう、事務取扱担当者に対して必要かつ適切な監督を行う体制を整備したか	

	3．一般従業員の教育・周知 適正な取扱いを周知徹底するとともに適切な教育を行う体制を整備したか	
物理的安全管理措置	1．取扱区域の管理措置の構築 情報漏えい等を防止するために、特定個人情報ファイルを取り扱う情報システムを管理する区域（管理区域）および特定個人情報等を取り扱う事務を実施する区域（取扱区域）を明確にし、物理的な安全管理措置を講じているか	
	2．機器および電子媒体等の盗難等の防止措置の構築 管理区域および取扱区域で取り扱う機器、電子媒体および書類等の盗難または紛失等を防止するために、物理的な安全管理措置を講じているか	
	3．電子媒体等を持ち出す場合の漏えい等の防止措置の構築（※事業所内の移動も含む） 電子媒体や書類等を持ち出す場合、容易に個人番号が判明しない措置、追跡可能な手段の利用等、安全な方策を講じているか	電子媒体または書類等を持ち出す場合、パスワードの設定、封筒に封入し鞄に入れて搬送する等、紛失・盗難等を防ぐための安全な方策を講じているか
	4．個人番号の削除、機器および電子媒体等の廃棄の体制の整備 削除、廃棄した場合に記録を保存する体制を整備しているか（委託先へ確認も必要）	削除や廃棄を、責任ある立場の者が確認する体制を整備しているか
技術的安全管理措置	1．アクセス制御の整備 情報システムを使用して個人番号関係事務または個人番号利用事務を行う場合、事務取扱担当者および当該事務で取り扱う特定個人情報ファイルの範囲を限定するために、適切なアクセス制御を行うこととしているか	

2．アクセス者の識別と認証の整備 特定個人情報等を取り扱う情報システムは、事務取扱担当者が正当なアクセス権を有する者であることを、識別した結果に基づき認証することとしているか	特定個人情報等を取り扱う機器を特定し、その機器を取り扱う事務取扱担当者を限定しているか 機器に標準装備されているユーザーアカウント制御により、取り扱う事務取扱担当者を限定しているか
3．外部からの不正アクセス等防止 　**措置の整備** 情報システムを外部からの不正アクセスまたは不正ソフトウェアから保護する仕組みを導入し、適切に運用しているか	
4．情報漏えい等防止措置の整備 特定個人情報等をインターネット等により外部に送信する場合、通信経路における情報漏えい等を防止するための措置を講じているか	

コラム　マイナンバー漏えい事件

　大手飲食チェーンで、従業員約400人分のマイナンバーが漏えいするという事件が発生しました。企業の担当者がマイナンバーの記載された「扶養控除等（異動）申告書」約400人分を段ボールに入れて自動車で持ち出し、その際に10分ほど自動車から離れた間に車上荒らしに遭い、マイナンバーが記載された「扶養控除等（異動）申告書」を盗まれたというものです。

　マイナンバーを社外や管理区域外へ持ち出す方法、持ち出す際の管理体制、情報漏えい後の対応等、今一度よく検討する必要があるといえるでしょう。

　このようなことが報道されてしまうと、社会的な信用を大きく失うことにもなります。

基本方針

Q41

基本方針には、どのような事項を定めるべきですか？

A

　基本方針に定めることについて、法律上の決まりはありません。事業者の実態に合わせて内容を検討していくことになります。

解説

1 基本方針の策定

　基本方針は、事業の規模に関わりなく策定する必要があります。策定後は、従業員への公表等事業場内の周知は必要ですが、行政機関への届け出や外部への公表は必要ありません。基本方針の内容については、以下のようなことが例示されています。

> ● 事業者の名称
> ● 関係法令・ガイドライン等の遵守
> ● 安全管理措置に関する事項
> ● 質問及び苦情処理の窓口　等

出典：ガイドライン（事業者編）P50

　なお、本書の巻末には、中堅規模の法人（「中小規模事業者」でない）を想定した基本方針を載せています。

２ 大企業等個人情報取扱事業者の場合

　個人情報保護法の適用を受ける個人情報取扱事業者等、もともと個人情報の取扱いに関する基本方針を策定している事業者の場合は、新たに策定しても、すでに設けている基本方針について、マイナンバーを含んだ個人情報部分の条項を追加する等の改訂をしても、どちらでも問題ありません。

３ 中小規模事業者の対応

　マイナンバー取扱規程の策定義務がない中小規模事業者の場合は、基本方針の中である程度詳細な規程を設けることも考えられます。その場合は上記１で例示した内容の他に、以下の内容を追記する方法が考えられます。

　　・事務取扱責任者、事務取扱担当者の選任について
　　・安全管理措置の取組内容について
　　・マイナンバーの利用目的について

取扱規程

Q42

取扱規程には、どのような事項を定めるべきですか？

A

　マイナンバー取扱規程には、取得、利用、保存、提供、削除・廃棄の場面ごとに具体的な取扱いを定めなくてはなりません。なお、この規程は、就業規則とは異なり、労働基準監督署への届出義務や、従業員の意見を聞く義務はありません。

解説

1 取扱規程の策定

　中小規模事業者（Q40参照）を除き、マイナンバーを取り扱う民間事業者には、マイナンバー取扱規程の策定が義務付けられています。個人情報保護に関する規程がすでにある場合には、マイナンバーを含む個人情報（番号法上「特定個人情報」といいます）の取扱いに関する条項を追加する形で既存の規程を改定する方法でも問題ありません。

　従業員数100人以下の中小規模事業者においては、取扱規程の策定は義務付けられていませんが取扱マニュアルや取扱フローを整備する等、マイナンバーの取扱いを明確にする対応が求められます。

　本書の巻末には、中堅規模の法人（「中小規模事業者」ではない）を想定した取扱規程を載せています。各法人において、取り扱う特定個人情報の範囲・関連する事務の範囲、どのような媒体で取り扱うのか、委託の有無、組織体

制等様々な点を考慮のうえ取扱規程を策定していただければと思います。

2 取扱規程の内容

(1) 取得する段階

① 利用目的の通知

まず、マイナンバーの利用目的の通知に関する事項を定めます。通知の方法については、社内ＬＡＮの利用や書面を交付する方法等、実態に合わせて規定します。

② 取得の時期

取得の時期に関しては、給与に対する源泉徴収事務や社会保険または労働保険事務で利用することを考え、雇入れと同時に通知を求めることが考えられます。本人のマイナンバーの他、扶養親族のマイナンバーが手続上必要になる場合があります。

③ 扶養親族からマイナンバーを取得する場合

配偶者等のマイナンバーを取得する際には、本人確認を行う義務者が事業者なのか従業員本人なのかで対応が異なります。この場合、国民年金第３号被保険者の手続を行うときは事業者が配偶者からマイナンバーを取得し、その際には当該配偶者に対して本人確認を行う義務があります。

実際には、以下の二つの方法が考えられます。

(ア) 雇用主である事業者が、配偶者の代理人である従業員から、配偶者のマイナンバーおよび本人確認書類の提出を受ける方法

(イ) 雇用主である事業者が、配偶者からマイナンバーおよび本人確認書類を取得する事務を従業員に委託し、受託を受けた従業員から配偶者のマイナンバーおよび本人確認資料の提出を受ける方法

執筆者らは、実務上(ア)(イ)いずれの方法をとっている事業者も見てきています。(ア)に対しては、委任状の作成、取得、管理といった事務が生じること、

(イ)に対しては、マイナンバーを取り扱う業務を委託することになるので、委託先となる従業員の監督義務が生じるが、そのような監督は実際上可能なのかといったことが指摘されています。ただ、(ア)についてはいったん委任状を用意してしまえばよく、また(イ)については従業員個人に対してはそこまで厳しい管理監督までは想定しておらず、マイナンバーに関する研修や封をすることができる封筒を準備すればよいということからいずれの方法でも可能といわれています。本書では、巻末に、取扱規程や従業員向けの書面を参考資料として付しており、そこでは(イ)の方法によっています。

④ 取得を担当する者

　事務取扱担当者（または責任者）以外の者が収集することのないようにしなければなりません。例えば所属長が部下のマイナンバーをメモして一時的に預かるということも、収集にあたります。こうした事務取扱担当者以外の者がマイナンバーを収集、取り扱うことのないように規定する必要があります。

(2)　利用を行う段階

　番号法では「利用」と「提供」を分けて定義づけています。利用については、社内での書類作成等同一の法人内部での利用が想定されており、活用については、「法的な人格を超えてマイナンバーが移動すること」と定義しています。

　同一の事業者内でマイナンバーの利用が認められる場面は、社会保障や税務に関する手続に限られていますので、あらかじめ通知した利用目的を超えて利用することないように明記しておくことが必要です。また、マイナンバーは、本人の同意があったとしても定められた利用目的以外の利用はできないということも明記しておきます。

(3)　保存する段階

　収集したマイナンバーとそれに関連づけられる個人情報は、正確かつ最新の状態で保管することが求められます。また、それらの情報を法律で定めら

れた利用目的を超えて保管することのないように規定します。なお、マイナンバー収集の際に本人確認書類等を預かることがあります。そのときの本人確認書類等は、保管義務はありませんが保管をする場合には、個人情報として適切に保管しなければなりません（なおマイナンバーカードにはマイナンバーが記載されていますから、マイナンバーと同じように取り扱う必要があります）。

　保管しておいたマイナンバーを利用するケースとしては、雇入れの際に収集したマイナンバーを次年度以降の源泉徴収関係事務で利用したり、再雇用者の手続を行う際に利用したりということが考えられます。

(4)　提供を行う段階

　法律に定められている社会保障や税務に関する手続に利用するために行政機関へマイナンバーを提供する以外は、マイナンバーの提供を行わないということを規定する必要があります。グループ会社等であっても別法人の場合には、提供を行うことはできません。

(5)　削除・廃棄を行う段階

　マイナンバーは、社会保障や税務に関する手続を行う場合等法律で定められた場合に限り保管することができます。そして、法定の保管期間が経過した後は、速やかに削除・廃棄しなくてはなりません。これら保管期間と削除・廃棄の時期について、規定します。

罰則の対象

Q43

どのような違反行為に刑事罰が科されるのですか？

A

　正当な理由なく特定個人情報ファイルを提供した場合、不正な利益を図る目的でマイナンバーを提供、盗用した場合、主務大臣からの是正命令に違反した場合、虚偽報告を行った場合等には、番号法に定める刑事罰の対象となります。

解説

1 番号法と刑事罰

　番号法は、個人情報保護法の特別法であり、番号法の規定がなく、かつ個人情報保護法の規定の適用が明示的に排除されていないときは、個人情報保護法が適用されることになります（詳しくは Q4 参照）。

　個人情報保護法において同法の違反行為が刑罰の対象となるのは、同法違反に対する主務大臣からの是正命令にさらに違反した場合、主務大臣への報告義務違反の場合に限られています（個人情報保護法56条、57条）。

　これに対して、番号法では、①正当な理由なくマイナンバー等が保存された特定個人情報ファイルを提供した場合（番号法67条）、②マイナンバーを不正な利益を図る目的で提供または盗用した場合（番号法68条）、③詐欺、暴行、脅迫、財物の窃取、施設への侵入または不正アクセス等によりマイナンバーを取得した場合（番号法70条）等も刑罰の対象とされており、行政機

関からの是正命令を待つことなく、ただちに刑事罰が科される可能性があります。また、番号法では特定個人情報法保護委員会からの是正命令への違反、特定個人情報法保護委員会への報告義務違反等について、個人情報保護法上の同種の規定よりも刑罰の上限を引き上げています（番号法73条、74条）。

このように、番号法が個人情報保護法よりも多くの罰則を多く設け、かつ重い法定刑を定めているのは、国民1人1人に与えられるマイナンバーが唯一無二のものであり、また数字の組合せであるという性質から容易にデータマッチングを行うことができ、これを悪用して個人情報を広く集積することが可能であることが理由とされています。

2 民間の個人や事業者に適用される罰則

番号法が定める各罰則のうち、民間の個人や事業者が違反行為の主体となり得るものについては、以下の表のとおりです。

違反行為の主体	違反行為の態様	法定刑	根拠条文
個人番号利用事務、個人番号関係事務に従事するまたは従事していた者	正当な理由がないのに、業務に関して取り扱った個人の秘密に属する事項が記録された特定個人情報ファイルを提供すること	4年以下の懲役もしくは200万円以下の罰金またはこれを併科	67条
同上	業務に関して知り得たマイナンバーを自己もしくは第三者の不正な利益を図る目的で提供し、または盗用すること	3年以下の懲役もしくは150万円以下の罰金またはこれを併科	68条

すべての者（主体の限定なし）	人を欺き、暴行を加え、もしくは脅迫行為により、または、財物の窃取、施設への侵入、不正アクセス行為等により、マイナンバーを取得すること	3年以下の懲役または150万円以下の罰金	70条
特定個人情報の取扱いに関し法令違反のあった者	特定個人情報保護委員会の命令に違反すること	2年以下の懲役または50万円以下の罰金	73条
特定個人情報保護委員会から、報告・資料提出の求め、質問、立入検査の求めを受けた者	虚偽の報告、虚偽の資料提出、質問への答弁の拒否、立入検査の拒否・妨害等を行うこと	1年以下の懲役または50万円以下の罰金	74条
すべての者（主体の限定なし）	偽りその他不正の手段により通知カードまたはマイナンバーカードの交付を受けること	6か月以下の懲役または50万円以下の罰金	75条

　各民間事業者においては、番号法に違反した場合に刑事罰が科されるおそれがあることを十分に理解したうえで、会社として、個々の役職員による違反行為を未然に防止するために、社内の体制整備（安全管理措置の構築）を進めなければなりません。

Q44

従業員による違反行為について、法人も責任を負いますか？

A

正当な理由なく特定個人情報ファイルを提供する、不正な利益を図る目的でマイナンバーを提供・盗用する等により、従業員個人に対して刑罰が科されることとなった場合、法人もそれぞれの刑で定められた罰金を科される可能性があります（両罰規定）。

解説

1 番号法違反行為と両罰規定

番号法では、正当な理由なくマイナンバー等が保存された特定個人情報ファイルを提供した場合には、4年以下の懲役もしくは200万円以下の罰金が科される、または併科される等、重い法定刑が定められています（詳しくは Q43参照）。

従業員が職務上取り扱っていた特定個人情報保護ファイルを違法に第三者に提供していたというような場合、雇用主はどのような刑事責任を負うのでしょうか。

番号法では、法人の代表者・管理人、代理人、使用人その他の従業者が、その法人の業務に関して行った、特定個人情報ファイルまたはマイナンバーの漏えい等について、それぞれの条文において定められた罰金刑を科すこととしています（番号法77条）。ここでいう法人とは法人でない団体で代表者

または管理人の定めのあるものを含みますから、各種団体も広く該当し得ることになります。

　法人の業務に関してなされたものといえるかどうかについては、客観的に判断されることになります。例えば、社内で特定個人情報ファイルにアクセスする権限のある担当者がこれを持ち出し、名簿業者に売却して利益を得ようと画策していた場合、不法に利益を得ようとしていたという主観面から業務との関連性が否定されることにはなりません（番号法に関するものではありませんが、使用者の責任に関して、どのような目的を持っていたかは、「業務ニ関シ（中略）、違反行為ヲ為シタルトキ」という要件に影響しないと判断した裁判例があります（最高裁昭和32年11月27日判決））。

　雇用主は、違反行為を行った従業員につき、選任、監督その他の違反行為防止のために必要な注意を尽くしたという証明がなされない限り、上記裁判例にもあるように、事業主も刑罰を免れないでしょう。上記のような事案では、当該従業員に対し必要かつ適切な監督をしていたのか、不必要に特定個人情報ファイルを持ち出せない、流出させられないような安全管理措置が講じられていたのかが判断されることになるでしょうが、実際上雇用主が必要な注意を尽くしていたと認められるケースは少ないものと考えられます。

　各民間事業者は、未然にマイナンバー等の漏えいを防ぐべく、特定個人情報取扱事務担当者について、十分な研修や監督を行うとともに、不正が起こらない、万が一不正があったときはそれがチェックできるような体制作りを進めなければなりません。

2 両罰規定の対象となる違反行為

　Q43末尾の表中の、違反行為については、すべて両罰規定の対象となります。

Q45

番号法に違反した場合、民事上の責任も負いますか？

A

　番号法に違反した場合、刑事罰、行政罰に加え、民事上の責任（損害賠償責任）を負う可能性があります。

解説

1 番号法違反行為と民事上の責任

(1)　民間事業者の番号法上の義務

　民間事業者は、マイナンバーの漏えい等防止のため、マイナンバーの取扱いに関し番号法上様々な義務を負っています（例えば、法令で認められた場合にしかマイナンバーを保管、利用、提供してはならず、安全管理措置を講じなければならない等。Q34参照）。

(2)　民間事業者の民事上の責任

　それにも関わらず、従業員や取引先（個人事業主）のマイナンバーが漏えいしてしまった場合、誰がどのような責任を負い得るのでしょうか。例えば、従業員のマイナンバーが入力された電子媒体について、①盗難に遭ってしまった、②ハッキングによりマイナンバー情報にアクセスされてしまった、③人事部の担当者が、持ち出す際に電車に置き忘れてしまったという事態を想定し、検討してみましょう。

　民間事業者が、故意または過失によりマイナンバーを漏えいさせ、プライ

バシー侵害やなりすまし等による金銭的な損害が生じた場合、マイナンバー漏えいに関与した者は不法行為責任（民法709条）を負い、慰謝料や被った金銭的損害について賠償する義務を負うこととなります。また、雇用主である当該民間事業者も不法行為責任（民法709条、715条）を負うことになります。

　また、当該民間事業者と漏えいが起こった者との間に契約関係があった場合には不法行為責任に加え、契約違反、債務不履行（民法415条）に基づく損害賠償責任を負うおそれもあります。

　漏えいに関与した者と雇用主である民間事業者に過失があったか否かは、いずれも個別具体的に検討、判断されることになりますが、マイナンバーの漏えい等が生じた原因に、民間事業者がそもそも番号法等の法令に定める義務に違反していた事実があった場合には、過失ありと認定される可能性が高いものと考えられます。

　上記の例では、安全管理措置の一環として、①の場合は当該電子媒体にチェーンがかけられていたか、適切に施錠されていたか、②の場合は最新のセキュリティソフトが導入されていたといったことが、過失があるか否かの判断要素となるでしょう。③の場合は担当者が電車に置き忘れたということで、おそらく過失が認められてしまうでしょう。

2 ▶ 損害賠償額の算定について

　本書執筆段階で、マイナンバー漏えいの場合、損害賠償金額がいくらになるのか判断が難しいところです。

　これまで発覚した個人情報漏えい事件においては、住民基本台帳のデータが再々委託先のアルバイト従業員によって名簿業者に販売され、その後さらに転売されたというケースにおいて、1人あたり慰謝料1万円、弁護士費用5,000円とした判決があります（最高裁判決平成14年7月11日。上告棄却により原審判決（大阪高裁平成13年12月25日判決）が確定したものです。この事案で

は「プライバシーの権利が侵害された程度・結果は、それほど大きいものではない」という判決となりました）。また、エステサロンの無料体験利用者の個人情報が流出し、インターネットの掲示板に転載されたり迷惑メール等が送られたりする事態となったケースにおいては、1人あたり慰謝料3万円（一部の者は1万7,000円）、弁護士費用5,000円とした判決もあります（東京高裁判決平成19年8月28日）。

　マイナンバーの場合は、様々な情報と紐付けられる可能性があるため、個人の権利侵害の度合いが高く、またデータマッチングが容易であるということから多数の個人が対象になり得ることから、個人情報漏えいの場合よりも、損害額が多額になるものといわれています。

Q46

番号法に違反した場合、その他の責任またはその他のリスク等はありますか？

A

　番号法に違反した場合、刑事責任、民事責任に加えて、行政指導・是正命令を受ける可能性があります。また、マイナンバー漏えい等が大きく報道され信用低下のおそれ（レピュテーションリスク）もあります。

解説

1 番号法違反行為と行政罰

(1)　特定個人情報保護委員会による指導・助言および勧告・命令

　特定個人情報保護委員会は、国家行政組織法3条または内閣府設置法49条を根拠として設置される行政機関で、いわゆる三条委員会（他には公正取引委員会等があります）として内閣府の外局として置かれています（番号法36条）。なお、平成27年番号法改正および個人情報保護法改正により特定個人情報保護委員会は個人情報保護委員会と改組され、個人情報の取扱いの監視監督権限を有する機関となります。

　特定個人情報保護委員会は、特定個人情報の取扱いに関して、指導および助言をすることができ（番号法50条）、さらに番号法等法令違反行為がなされた場合、当該違反行為をした者に対し、期限を定めて当該違反行為の中止その他是正措置をとる旨を勧告することができるものとされています（番号法51条）。　また、勧告を受けた者が正当な理由がなく勧告に従わなかったときや、勧告がなされていなくても、個人の重大な権利利益を害するため緊急に措置をとる必要がある場合は、期限を定めて、その是正措置をとるよう命じることができるとされています。

　例えば、ある民間事業者においてマイナンバーが社員番号として用いられているとすれば、特定個人情報ファイル作成制限（番号法28条）違反となり、是正勧告・命令の対象となるわけです。

(2)　特定個人情報保護委員会による報告徴求・立入・検査

　特定個人情報保護委員会は、特定個人情報を取り扱う者等の関係者に対し、特定個人情報の取扱いに関して必要な報告・資料の提出を求め、または、特定個人情報を取り扱う者等の関係者の事務所等に立入・質問・検査をする権限を与えられています。法律上は、特定個人情報を取り扱う者その他の関係

者が対象とされています。「その他の関係者」とは、違法に特定個人情報を取り扱っている事業主に雇用されている従業者等「特定個人情報を取り扱っている者」以外の者で特定個人情報の取扱いに関係する者とされています。

　ここでいう「特定個人情報を取り扱う者」には、特定個人情報を取り扱うすべての者が含まれ、特定個人情報を法律に従って取り扱っている民間事業者の他、例えば特定個人情報を取得した名簿業者といった、違法に特定個人情報を取り扱っている者も含まれます。特定個人情報を保護するためには、こういった違法にマイナンバーを取り扱っている者に対しても報告徴求・立入・検査を認める必要があるためです。

(3)　特定個人情報保護委員会の是正命令等に違反した者の責任

　(1)のとおり、特定個人情報保護委員会の勧告に従わなかった場合（または緊急性がある等の要件を満たせば、勧告によることなく）、是正命令が発せられることになります。これに従わなかった場合は、2年以下の懲役または50万円以下の罰金が科される可能性があります。個人情報保護法では、主務大臣の命令に違反する行為については6か月以下の懲役または30万円以下の罰金とされており、これと比べると法定刑が重くなっている点に特徴があります。

　また、(2)の特定個人情報保護委員会による報告徴求・立入・検査に対して、報告をしないもしくは虚偽の報告をする、または検査を拒む等の行為をした場合には、1年以下の懲役または50万円以下の罰金が科される可能性があります。個人情報保護法では、主務大臣に対して虚偽の報告等をする行為については30万円以下の罰金とされており、これと比べるとやはり法定刑が重くなっています。

2 番号法違反行為とレピュテーションリスク

　番号法に違反してマイナンバーが漏えいするような事態となれば、これが

大きく報道され、世間から広く非難を受けたり、さらに取引先・顧客を失ったりすることにより経済的損失を被る可能性も否定できません。近時の重大な個人情報保護法漏えい事件も記憶に新しいところです。また、漏えい事故では、従業員のマイナンバーが漏えいすることが多いでしょうから、従業員が雇用主に対して強い不信感を持ったり、場合によっては離職してしまう等、業務に重大な支障をきたすおそれもあります。

Q47

法人たる民間事業者が番号法に違反の責任を負う場合、役員個人も責任を負うことがありますか？

A

　法人たる民間事業者が番号法に違反したことにより、①刑事責任、②民事責任（損害賠償責任）を負う場合、役員個人も、法人に対して損害を与えたとして、法人自体、さらには株主から損害賠償請求を受けるおそれがあります。

解説

1 番号法違反行為と法人の責任

　番号法に違反する行為を従業員が行った場合、法人は、刑罰（罰金）を科せられたり、損害賠償責任を負ったりする可能性があります（Q44、Q45参照）。

2 役員個人の責任

役員自身が違反行為を実行していないにも関わらず、役員（株式会社であれば取締役、合同会社であれば社員、各種法人であれば理事等）個人が責任を負うことはあるのでしょうか。

(1) 刑罰

番号法の罰則規定は故意犯ですから、役員自身が違反行為を認識し、自身で実行したり、そそのかしたり（教唆犯）、助けたり（ほう助犯）していないのであれば、別途役員個人が刑罰に科せられることはありません。

(2) 民事上の責任

法人の役員（取締役や理事等）は、法人自体と委任関係にあると解され、受任者として善管注意義務、忠実義務を負います。そのため、善管注意義務、忠実義務違反の行為により、法人に損害を与えた場合には、法人に対して損害賠償責任を負うことになります。また、任務懈怠につき故意・重過失があった場合には、第三者に対しても損害賠償を負うことがあります。

番号法の施行により、マイナンバーを取り扱う民間事業者の役員は、善管注意義務および忠実義務の一環として、マイナンバーの漏えいや悪用を防止するために必要な安全管理措置を含むコンプライアンス体制、内部管理体制を構築すべき義務を負うと考えられます。

このような義務に反して、マイナンバーの管理に必要な安全管理体制の整備を怠り、またはマイナンバーの管理について不適切な指示を行ったことによりマイナンバーが漏えいした場合等には、当該役員は漏えいにより法人が被った損害（罰金額、損害賠償額、漏えい事件に関連して会社が支出した費用等が想定されます）について賠償責任を負うこととなります。この場合、取締役による行為が悪意または重大な過失によるものである場合には、当該取締役は、会社に対してだけでなく、損害を受けた本人に対して直接責任を負うおそれもあります。

　また法人の役員が負う、善管注意義務および忠実義務には、他の役員を監督する義務というものも含まれますので、担当役員が番号法に違反するような行為を行っていることを知りつつこれを是正するような措置を講じなかった場合には、それ自体が善管注意義務および忠実義務違反として、法人に対する責任を構成し得る点には注意が必要です。例えば役員が、事業者がマイナンバーの管理に必要な安全管理体制の整備を怠っていること、またはマイナンバーの管理について不適切な指示を行ったことに気づいたらこれらを放置してはいけません。

　なお、株式会社では、一定の要件・手続を満たせば株主代表訴訟が認められているため、会社が責任追及しなくとも株主による責任追及を受ける可能性があります。

コラム　「マイナンバー法違反」で逮捕

　平成28年3月15日、全国初とみられる「マイナンバー法違反」での逮捕者が出ました。香川県に住む男性が好意を抱いていた女性宅に不法侵入して、マイナンバーを撮影して記録しました。動機は「将来何かに使えるかと思った」のだそうです。こうした対応をみるとマイナンバー制度に対する行政機関の強い姿勢が伺えます。マイナンバーが漏えいしたからといってすべての情報が直ちに盗まれてしまうわけではありませんが、容易に他人に知られることのないようにしましょう。

第3章

会社以外の
各種法人と
マイナンバー

医療法人とマイナンバー

Q48

医療法人の場合、マイナンバーをどのような場面で取り扱うことになりますか？

A

　医療法人でも他の民間事業者と同様、従業員やその扶養家族のマイナンバーを取得し、給与所得の源泉徴収票や社会保険の被保険者資格取得届等に記載して、税務署等の行政機関等に提出する必要があります。医療機関を含む民間事業者は、職員やその被扶養者のマイナンバーを収集し、また給与システムについてマイナンバー対応とする等の改修が求められています。

解説

　医療法人とは、医療法の規定に基づき設立された社団もしくは財団です。非営利である等、様々な特徴がありますが、マイナンバーに関しては基本的には民間の事業者と同様の扱いといえるでしょう。つまり、従業員のマイナンバーを取得し、源泉徴収票や被保険者資格取得届等に記載して税務署等の行政機関に提出する必要があります。

1 「分院」を持つ医療法人の場合

　分院に関しては注意が必要です。医療法人の分院は、医療法人の理事である者が開設者・管理者として運営するケースが多いものと思われます。通常就業規則については事業所ごとに現場に合ったものを作成し、所管労働基準

監督署へ届け出る必要があります。医療法人の分院も他の法人の事業所と同様に、通常は分院の所管労働基準監督署に届け出ます。分院として独立した存在となっている場合、社会保険の加入に関しては、多くの場合、分院単位で行うこととなります。つまり、マイナンバーの取扱いにおいても株式会社等の法人の事業所の扱いとは異なり、分院の実態に合ったマイナンバーや取扱規程の策定等が必須であるといえます。

　例えば、マイナンバーの収集・保管・利用・提供は一つの法人として一括して行うべきでしょうか。それとも分院が行うべきでしょうか。確かに事務取扱担当者は分院ごとにいる場合も多いため、収集は分院で行われているかもしれません。しかし、あくまで職員は自身のマイナンバーを法人に提供しており、法人は雇用主として法定調書作成等のマイナンバー関連業務を行う必要があります。

　医療法人の分院が、実態として独立した運営を行っている場合でも、マイナンバーの収集・保管・利用・提供は法人として統一して行うほうが望ましいといえるでしょう。

　なお、分院としては独立した存在となっている場合でも、税務申告については法人として一括して申告を行います。そのため、株式会社等の他の法人形態同様、一つの法人としてマイナンバーの収集・保管・利用・提供等を行う場合が多くなるといえるでしょう。

2 医療法人が実施するマイナンバー関連業務

　医療法人が実施するマイナンバー関連業務は、他の民間事業者同様以下のものがあります。
① 給与事務、法定調書作成事務でのマイナンバー利用
② 企業年金事務に係るマイナンバーの利用、情報照会（番号法9条1項）
③ 健康保険組合の事務に係るマイナンバー利用、情報照会、情報提供

これに備えてマイナンバー取得から廃棄までの運用方法の確立、その他関係システムの改修等が必要となりました。

　マイナンバー対応は、組織として医療法人全体で取り組む準備を進めることが求められています。

Q49

患者のマイナンバーを取り扱うことはありますか？ レセプト（診療報酬明細書）にマイナンバーを記載しなければならないのですか？

A

　現時点で患者のマイナンバーを取り扱うことはありません。医療分野において、カルテやレセプト（診療報酬明細）等の医療情報とマイナンバー制度を連動させる方向で検討されています。この仕組みは平成30年度から段階的に導入される予定であり、現段階ではレセプトへマイナンバーを記載する必要はありません。

解説

　医療分野におけるマイナンバー制度の動向は、以下のとおりです。

1 医療等ＩＤの創設

　平成30年7月以降、医療等ＩＤが創設され、電子カルテやレセプト等の医療情報との連動がなされる予定です（Q50参照）。

　医師が個人の診療結果や処方薬の情報を共有できるようにして、二重の投薬や検査を回避し、これにより一貫した医療・介護サービスが受けられるよう整備することが目的です。

　国の認定を受けた民間事業者に、個人の医療情報の管理を委託し、個人の生活習慣の改善等に役立てる制度も盛り込む方針とされています。

2 マイナンバーカードの活用

　平成29年7月以降、マイナンバーカードは健康保険証としても利用できる見込みです。

　これが実現すると、マイナンバーカードに搭載されたＩＣチップを利用し、医療機関で認証すると、当該医療機関は患者の医療等ＩＤを把握できることになります。

　こうした仕組みにより医療等ＩＤを使って医療機関や薬局、介護事業者らが情報を共有できるようにします。

Q50

今後マイナンバーの利用場面が広がると、医療業界にも影響があるのですか？

A

　マイナンバーは、平成28年１月から申請に応じてマイナンバーカードの交付が開始されましたが、医療・介護等に関する個人情報については、プライバシーに大きく関わる情報であることや、情報提供の範囲が個人ごとになると考えられること等から、マイナンバー制度とは別個に医療等の番号制度を創設することとされました。別途、個別法の制定も視野に入れながら、平成30年７月以降の導入が予定されています。

解説

1　医療等ＩＤの制定方針

　医療等ＩＤが法制化された場合、保険証機能をこの「医療等ＩＤ」を記録したマイナンバーカードに一元化し、その提示により医療保険証、年金手帳、介護保険証等を提示したものとみなすとすることで、利用者の利便性の向上を図ることが期待されています。

　具体的には、マイナンバーカードのＩＣチップ（電子署名情報）を用いて、医療機関の窓口においてマイナンバーカードを健康保険証として利用することにより、医療等分野の情報連携の共通基盤を作ります。その後、地域の医療情報連携や研究開発の促進、医療の質の向上に向け、医療等分野における番号（医療等ＩＤ）の具体的制度設計や、医療等ＩＤが付された個人情報取扱ルールについて検討を行い、活用することが計画されています。

医療等ＩＤ 活用方法	医療・介護施設等の連携
	本人への健康医療情報の提供・活用
	健康・医療研究分野での活用
	医療保険のオンラインによる資格確認
	保険者間の健診データの確認
	予防接種履歴管理

　さらに、医療等ＩＤとマイナンバーの紐付けも検討されています。

2 医療等分野におけるメリット

　医療等ＩＤが導入されると、以下のようなメリットが生まれます。

（1）　医療情報の共有化

　各医療機関が患者本人の同意に基づき、それぞれの診療機関の過去の診療情報や検査情報にアクセスできるようになり、より適切な医療が提供されるようになります。

（2）　医療関連業務の効率化

　医療機関、介護事業者等の地域レベル、複数地域間での連携、医療保険システム、行政機関の手続等の医療関連業務が効率化され、より便利で費用対効果の高い医療システムの実現が期待されます。

（3）　医療情報の分析活用

　整理された症例等のデータ蓄積・分析により、健康・医療に関する大規模な分析や研究を行うことができ、医療の質を向上させることができます。

3 医療機関で想定される場面

　医療等ＩＤは医療機関や地域医療連携における以下のような場面で利用さ

れることが想定されています。

（1）　患者

　医療機関で医療等ＩＤを提供し、患者情報の登録に必要な基本情報を示して、被保険者のオンライン資格確認を受けます。

（2）　医療機関

　各医療機関は患者情報を含む医療等ＩＤを管理し、電子カルテ・レセプト等に当該番号を記入します。

（3）　医師

　診療録や処方箋、紹介状に、医療等ＩＤに関連づけられた医師資格情報をリンクさせた署名をすることが考えられます。

（4）　調剤薬局

　医療等ＩＤ記載の電子処方箋で診療情報を共有でき、調剤業務の効率化と安全で的確な服薬指導をすることができるようになります。

（5）　地域連携

　患者の同意を得てマイナンバーで紐付けた診療情報を各医療機関で共有し、かかりつけ医・中核病院・在宅医療支援等に携わる医療機関相互が、機能分担によるシームレスな地域医療連携を実践することができるようになります。

Q51

同一医療法人が複数の施設を有する場合、マイナンバーは法人全体で管理すべきですか？

A

　同一医療法人が複数の施設を有する場合、民間事業者が事業所を複数持つ場合に準ずることとなります。医療法人全体の管理としても、施設ごとの管理としても問題はありません。ただし、法人内のルールとして、事務取扱担当者を明確にし、誰が責任者で、誰が確認したか等を明確にしてください。

解説

　施設が複数ある場合、例えば、就業規則を施設ごとに置いている場合も法人全体で一つのものを定めている場合もあるでしょう。マイナンバー取扱規程の場合も同様であり、それぞれの施設によって対応が異なる場合もあれば、法人全体で一括管理する場合もあります。

　現実的に対応可能かどうか評価し、安全管理措置を適切に構築することができるならば、法人全体で管理しても施設ごとに管理しても問題ありません。いずれの場合にしても事務取扱担当者を明確にし、誰が責任者で、誰が確認したかを明確にし、必要なときに、法人としてマイナンバーの取扱状況を確認できる体制を整えましょう。

Q52

当直バイトの医師、派遣看護師についても、マイナンバーの取得が必要ですか？

A

　当直バイトや「オンコール待機」（病院外で出勤要請に応えられる状態でいること）等の医師の就労に関してはパート・アルバイト雇用の場合と同様、マイナンバーを取得します。ただし、直接の雇用ではない派遣による医師や、看護師を就労させる場合は、マイナンバーの取得は必要ありません。

解説

1 ▶ 当直バイト医師とマイナンバー

　当直バイトの医師は、日給制、時給制等のパート・アルバイトの場合と同様、源泉所得税の徴収が必要であるため、マイナンバーの収集が必要です。

　具体的には、以下のような手続に利用します。

① 給与事務、法定調書作成事務でのマイナンバー利用
② 企業年金事務に係るマイナンバーの利用、情報照会（番号法9条1項）
③ 健康保険組合の事務に係るマイナンバー利用、情報照会、情報提供

※②、③は該当する場合のみ。

2 ▶ 派遣看護師とマイナンバー

　労働者派遣法により、医療関連業務の派遣は原則として禁止されています。ただし、例外として①紹介予定派遣の場合、②社会福祉施設等医療施設以外の施設で働く場合、③産休中等の代替業務等の場合は認められています。

　「派遣スタッフとして働く」ということは、「派遣会社に雇用されながら、派遣先でその指示に従って働く」ことです。勤務する場所は派遣先ですが、派遣先との雇用関係はなく、雇用主は派遣会社となります。よって、給与の支払や社会保険の加入等も雇用主である派遣会社が行うことになります。

　つまり、マイナンバーの把握が必要な税務処理や社会保険の手続を行うのは雇用している派遣会社にあるため、派遣先の病院やクリニックでは派遣看護師のマイナンバーの収集は不要となります。派遣先の病院やクリニックではマイナンバーを収集することがないよう注意しましょう。

社会福祉法人と
マイナンバー

Q53
社会福祉法人の施設利用者のマイナンバーを取り扱う場合、どのような点に注意すべきですか？

A

　原則として、給与支払等の発生しない施設利用者等に関しては、マイナンバーを取り扱うことはありません。ただし、施設形態によっては利用者の生活に深く接することとなるため、マイナンバーの取扱いについて注意が必要です。

解説

1 施設利用者とマイナンバー

　社会福祉法人が運営する施設の形態により、マイナンバーへの対応は異なります。

（1）　訪問型施設の場合

　社会福祉法人は利用者について、税金の申告も、社会保険の手続もしないため、利用者の番号を取集する必要はありません。

　例えば、訪問介護・訪問看護等、直接利用者の自宅に伺った際に、もしもマイナンバーカードが目に入ったとしても、写真やメモで番号を控えるといった行為がないよう気をつけましょう。

（2）　入所型施設の場合

　(1)と同様、原則として入所者のマイナンバーを収集することはありませんが、児童手当の受給を受ける施設等（里親、児童養護施設等）については

必要となる場合があるので注意しましょう。

　また、厚生労働省は、長期入所者で住所を移していない利用者に関して、入所先で受け取ることができるように居所情報の登録申請等を提出するよう施設に依頼をしていました。

　番号法施行時にこの対応をとっていなかったために通知カードが長期不在としている自宅から市区町村に返戻された場合、入所者は退所してからその旨を市区町村に相談すれば通知カードを受け取ることが可能です。

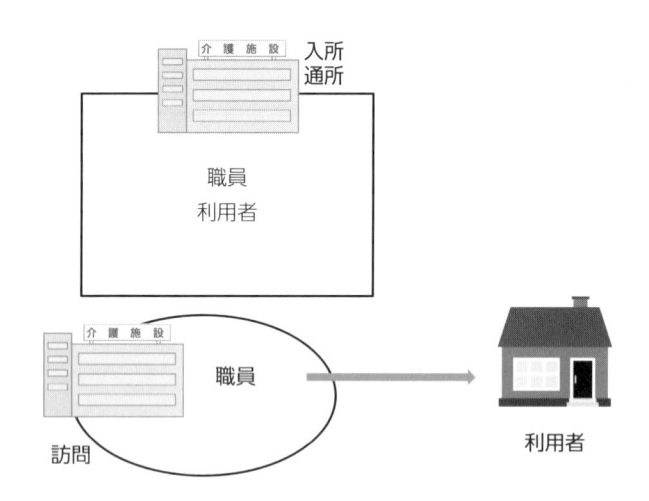

2 福祉等の分野でマイナンバーの記載が必要となる場面

　福祉等の分野においては、現在以下の手続においてマイナンバーの記入が求められています。利用者やその家族から訊かれた場合には伝えるようにしましょう。

(1)　介護保険

　・介護認定・更新・区分変更の申請、被保険者証等の再交付の申請、負担

割合証の再交付の申請

・負担限度額認定の申請、負担限度額認定証の再交付の申請、高額介護サービス費の支給申請、特定福祉用具購入費の支給申請、住宅改修費の支給申請

(2)　福祉等

・身体障害者手帳の申請

・特別障害者手当、障害児福祉手当、福祉手当の申請

・障害者総合支援法に基づく補装具費に関する申請

・障害者総合支援法に基づく地域生活支援事業に関する申請

・障害者総合支援法に基づく障害福祉サービスの申請

・精神障害者保健福祉手帳に関する申請

・自立支援医療（更生医療、育成医療、精神通院医療）に関する申請

・障害児通所支援（就学前・就学後児童）の給付申請

・戦没者等の遺族に対する特別弔慰金の請求

・生活保護の申請

出典：内閣官房平成28年1月18日付「マイナンバーの提供を求められる主なケース」
（http : //www.cas.go.jp/jp/seisaku/bangoseido/pdf/qa_case.pdf）

Q54

今後マイナンバーの利用場面が広がると、福祉業界にも影響がありますか？

A

福祉業界においても施設等の利用者等に関しては、医療等ＩＤの創設に伴い、その影響を受ける可能性があります。

解説

1 福祉分野におけるマイナンバー制度の考え方

福祉業界でも民間事業者同様、従業員等の給与支払者のマイナンバーを収集する必要があります。

また、福祉業界も医療業界同様、今後利用者情報と医療等ＩＤやマイナンバーが紐付けられ、利用される可能性があります。

2 医療分野でのマイナンバー制度の導入による影響

現状、マイナンバー制度では、行政機関や地方自治体等はシステム上の個人情報のデータを照会することができます。医療分野についてはマイナンバーではなく医療等ＩＤが用いられることととなっています。詳しくは Q50 をご参照ください。医師が個人の診療結果や処方薬の情報を共有できるようにして、二重の投薬や検査を回避し、これにより一貫した医療・介護サービスが受けられる等のメリットがあるといわれています。医療分野における番号等制度の導入により、福祉業界における運用も変化していくといえるでしょう。

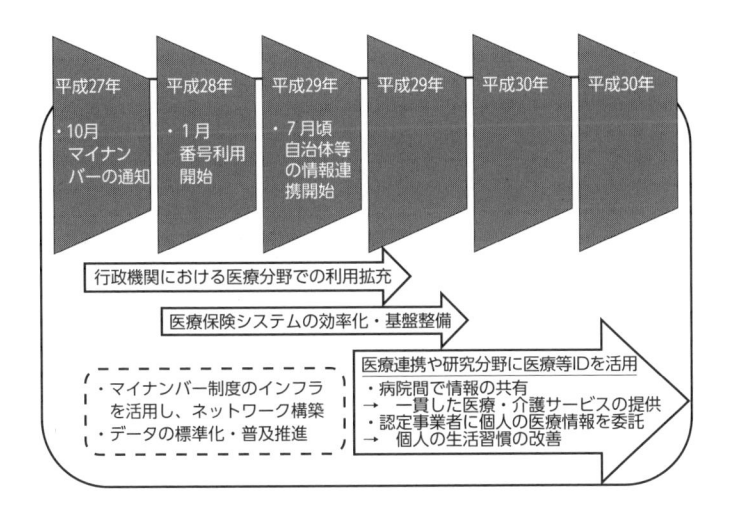

| 平成27年 | 平成28年 | 平成29年 | 平成29年 | 平成30年 | 平成30年 |

・10月
マイナン
バーの通知

・1月
番号利用
開始

・7月頃
自治体等
の情報連
携開始

行政機関における医療分野での利用拡充

医療保険システムの効率化・基盤整備

医療連携や研究分野に医療等IDを活用
・病院間で情報の共有
→ 一貫した医療・介護サービスの提供
・認定事業者に個人の医療情報を委託
→ 個人の生活習慣の改善

・マイナンバー制度のインフラ
を活用し、ネットワーク構築
・データの標準化・普及推進

一般企業以外の各種法人（ＮＰＯ法人、一般社団法人、労働組合、農業協同組合等）とマイナンバー

Q55

一般企業以外の各種法人（ＮＰＯ法人、一般財団法人、一般社団法人、労働組合、農業協同組合等）の場合、マイナンバーをどのような場面で取り扱うことになりますか？

A

　一般企業以外の各種法人でも一定の要件に該当する場合には、一般企業と同様にマイナンバーや法人番号を取り扱うことになります。

解説

1 一般企業以外の各種法人と法人番号

　一般企業以外の各種法人であっても法人格がある場合には、法人番号が付されます。なお、権利能力なき社団については、Q11を参照してください。

2 マイナンバーと非営利法人

　国税庁法人番号公表サイトに加え、平成28年4月以降、内閣府ＮＰＯ法人ポータルサイトでの法人番号の記載が始まります。そのため、所轄庁は各非営利法人の法人番号を把握する必要があります。所轄庁ごとに法人番号の把握方法は異なりますので詳細は、所轄庁へ問い合わせる必要があります。

出典：内閣府ＮＰＯホームページ「社会保障・税番号制度について Q&A」Q2
（http://www.npo-homepage.go.jp/qa/houjinbangou-seido）

3 一般企業以外の各種法人が従業員を採用する場合

一般企業と同様に従業員を雇用して賃金を支払う場合には、源泉徴収の義務が発生します。そして、源泉徴収票や給与支払報告書等を税務署や市区町村へ提出するときには、マイナンバーの記載が必要です。

社会保険や労働保険についても一般企業と同様です。従業員が社会保険や雇用保険に加入する場合には、その手続の際にマイナンバーを利用することになります。そのため、雇入れのときには、マイナンバーを収集する必要があります。また、一般企業と同様にマイナンバーの取扱いに関する「安全管理措置」も講じなければなりません。

4 社労士や税理士等へ報酬を支払う場合

非営利法人が弁護士や社労士、税理士等へ報酬を支払う場合には「報酬、料金、契約金及び賞金の支払調書」を税務署へ提出しなくてはなりません。外部講師への報酬の支払等に関しても同様です。そうした報酬の支払先からもマイナンバーを収集して書類に記載をします。

Q56

ＰＴＡや同窓会組織等の団体（権利能力なき社団）は、マイナンバーを取り扱うことがありますか？

A

PTA、同窓会組織等の任意団体（権利能力なき社団）であっても法人税や消費税の申告、納税義務または、給与等に関わる所得税の源泉徴収義務がある場合には、マイナンバーや法人番号を取り扱うことになります。

解説

1　番号法における権利能力なき社団

番号法において権利能力なき社団とは「法人でない社団若しくは財団で代表者若しくは管理人の定めがあるもの」とされています（番号法においては「人格のない社団等」とありますが同様に捉えて問題ありません）。国税庁の「法人番号に関するFAQ」、Q1-4では、以下のように定義されています。

① 団体としての組織を備えていること
② 多数決の原則が行われていること
③ 構成員が変更しても団体そのものは存続すること
④ その組織によって代表の方法、総会の運営、財産の管理その他団体としての主要な点が確定していること

2　法人番号の付番

権利能力なき社団であっても日本国内に事務所を開設して、そこで給与の支払事務等が発生する場合には「給与支払事務所等の開設・移転・廃止届出書」を管轄の税務署へ届け出なければなりません。こうした国税に関する法律に規定する届出書類を提出しなければならない団体に対しては、法人番号が付されます。

また、上記に該当せず法人番号が付されなかった権利能力なき社団であっ

ても、国税に関する法律に基づき税務署長等に申告書や届出書等の書類を提出する者等一定の要件にあてはまる場合には、国税庁長官へ届け出を行うことによって、法人番号の指定を受けることができます。詳しくはQ11をご参照ください。

3 権利能力なき社団とマイナンバー（個人番号）

上記2において法人番号が付された権利能力なき社団であって、そこで雇用される職員等がいた場合には、一般の事業者と同じく源泉徴収の義務が発生します。そして、源泉徴収票や給与支払報告書を税務署や市区町村へ提出するときには、マイナンバーの記載が必要です。また、マイナンバーの取扱いに関して「安全管理措置」も講じなければなりません。

コラム　非営利活動法人とは

非営利活動法人とは、営利を目的としない法人のことをいいます。ここでいう非営利活動とは「収益を上げることを目的としない」という意味ではありません。非営利法人においては、その活動で得た収益は、団体構成員へ配分（株式会社が株主に利益を配当する場合等）するのではなく、事業を継続するために使わなくてはなりません。

非営利活動法人には「NPO法人（特定非営利活動法人）」「一般社団法人」「一般財団法人」があり、事業の内容や設立要件、設立手続等に違いがあります。法人格を持つことによって、法人として契約締結等の行為をすることができるようになります。

簡単に説明をすると、以下のようにまとめることができます。

NPO法人	ボランティア活動や社会貢献活動を事業目的とする
一般社団法人	事業目的に制限はなく、2人以上の構成員（人）が集まることによって設立する
一般財団法人	事業目的に制限はなく、300万円以上の財産（お金）が集まることによって設立する

出典：内閣府「公益法人と特定非営利活動法人（NPO 法人）
（http : //www.cao.go.jp/others/koeki_npo/index.html）
法務省「知って！活用！ 新非営利法人制度」
（http : //www.moj.go.jp/content/000011280.pdf）

学校法人、宗教法人とマイナンバー

Q57

学校法人の場合、マイナンバーをどのような場面で取り扱うことになりますか？

A

　学校法人でも他の民間事業者と同様、従業員やその扶養家族のマイナンバーを取得し、給与所得の源泉徴収票や社会保険の被保険者資格取得届等に記載して、税務署等の行政機関に提出する必要があります。また、教育機関という特性から学生、児童、生徒へのマイナンバー制度の周知も期待されています。

解説

1 法人番号の付番

　学校法人に対しても、一般の事業者と同じく法人番号が付されます。また、法人番号は、登記上の本店所在地に郵送で通知されます。

2 学校法人が従業員を採用する場合

　一般の職員や教職員、パートタイマーやアルバイトを雇用して賃金を支払う場合には、源泉徴収の義務が発生します。そして、源泉徴収票や給与支払報告書を税務署や市区町村へ提出するときには、マイナンバーの記載が必要です。

　社会保険や労働保険についても、一般の事業者と同様です。一般の職員や

教職員、パートタイマーやアルバイトが社会保険や雇用保険に加入する場合には、その手続の際にマイナンバーを利用することになります。そのため、雇入れのときには、マイナンバーを収集する必要があります。また、一般の事業者と同様にマイナンバーの取扱いに関して「安全管理措置」も講じなければなりません。

3 ▶ 学生への周知

　マイナンバーは、日本国内に住所を有するすべての人へ通知されます。したがって、学生が校内の学生寮に住んでいても住民登録は保護者の居住地（実家）のままであれば通知カードは実家に届くので注意が必要です。

　また、アルバイト先でもマイナンバーの提供を求められるので自分のマイナンバーを把握しておく必要があることを周知するとよいでしょう。さらに、平成29年4月以降、日本学生支援機構から奨学金の貸与を受けるときにもマイナンバーの提示が必要になるので、その旨も学生へ周知しておくとよいでしょう。

4 ▶ 外部講師や社労士、税理士等へ報酬を支払う場合

　学校法人が外部講師や社労士、税理士等へ報酬を支払う場合には「報酬、料金、契約金及び賞金の支払調書」を税務署へ提出しなくてはなりません。そうした報酬の支払先からもマイナンバーを収集して書類に記載をします。

Q58

学校法人が、マイナンバーカードをまとめて取得申請する場合、どのような点に注意すべきですか？

A

　平成28年1月以降、マイナンバーカードの発行が始まります。それに伴い事業者や学校は、個人番号の交付申請書を取りまとめて一括申請を行うことができるようになります。

解説

1 学校法人によるマイナンバーカード一括申請

　平成28年1月以降、企業や学校法人がマイナンバーカードの交付申請書を取りまとめて申請することができるようになりました。申請後、交付準備ができた旨の通知が本人宛に届きますので市区町村窓口で本人確認を実施し、マイナンバーカードを受け取ることとなります。

2 学校法人に市区町村職員が出向き一括申請受付

　市区町村と調整のうえ、市区町村の担当者が学校に来校して一括で本人確認を受ける方法もあります。この場合には、学生も教職員もその場で本人確認を受けることも可能です。マイナンバーカードは、その後、本人限定受取郵便で届くことになります。

　このような一括申請を利用する場合には、学校所在地の市区町村の窓口へ

事前に連絡をして日程等の調整を行うようにしてください。

　なお、15歳未満の生徒は、法定代理人が申請する必要があるため、現実的にこの制度を利用できる学校法人としては、高校や大学を想定しているものと思われます。

Q59

宗教法人の場合、マイナンバーをどのような場面で取り扱うことになりますか？

A

　宗教法人でも他の民間事業者と同様、従業員やその扶養家族のマイナンバーを取得し、給与所得の源泉徴収票や社会保険の被保険者資格取得届等に記載して、税務署等の行政機関に提出する必要があります。

解説

1 マイナンバーと宗教法人

　宗教法人に対しても一般の事業者と同じく法人番号が付されます。また、法人番号は、登記上の本店所在地に郵送で通知されます。

2 宗教法人が従業員を採用する場合

　代表役員（住職・宮司等）に報酬を支払う場合や一般の職員を雇用して賃

194

金を支払う場合には、源泉徴収の義務が発生します。そして、源泉徴収票や給与支払報告書を税務署や市区町村へ提出するときには、マイナンバーの記載が必要です。

　社会保険や労働保険についても一般の事業者と同様です。代表役員や一般の職員が社会保険や雇用保険に加入する場合には、その手続の際にマイナンバーを利用することになります。そのため、雇入れのときには、マイナンバーを収集する必要があります。また、一般の事業者と同様にマイナンバーの取扱いについて「安全管理措置」も講じなければなりません。

３　社労士、税理士等へ報酬を支払う場合

　宗教法人が社労士、税理士等へ報酬を支払う場合には「報酬、料金、契約金及び賞金の支払調書」を税務署へ提出しなくてはなりません。そうした報酬の支払先からもマイナンバーを収集して書類に記載をします。

マンションの管理組合法人・管理組合とマイナンバー

Q60

マンションの管理組合法人・管理組合の場合、マイナンバーをどのような場面で取り扱いますか？

A

　マンションの管理組合でも「管理組合法人」「団地管理組合法人」は、法人であるため、法人番号が付され、他の法人と同様の取扱いとなります。一方、法人ではない「管理組合」「団地管理組合」の場合は、収益事業や法人税・消費税等の申告を行っているか、行っていないかでマイナンバーや法人番号との関係性が異なります。なお、管理組合機能を有する自治会についても管理組合等と同様の取扱いとなります。

解説

1 管理組合法人・団地管理組合法人への法人番号の付番

　マンションの管理組合が管理組合法人、団地管理組合法人の場合、13桁の法人番号がつけられ、登記された住所に法人番号の通知書がすでに届いています。他の法人と同様に法人番号を取り扱うことになります。また、法人番号や名称、本店または主たる事務所の所在地は自動的に国税庁の「国税庁法人番号公表サイト」に掲載されます。

2 管理組合・団地管理組合での取扱い

　法人ではない管理組合の場合、収益事業や法人税・消費税等の申告を行っ

ているか、行っていないかで取扱いが異なります。

　具体的には、これまでに駐車場の外部貸しや携帯電話基地局（アンテナ）の設置使用料等の収益事業を行い、または専門家や役員等に報酬を支払い、法人税・消費税等の申告をしている、つまり、収益事業開始の届出書または消費税課税事業者届出書の提出をしている場合は管理組合法人と同様に法人番号の通知書がすでに届いています。

　現時点で収益事業を行っていない場合や収益事業を行っているにも関わらず申告をしていない場合は、法人番号の通知書は送付されていません（後者の場合、5年間遡って申告する必要があります）。

　また、収益事業や税申告の有無に関わらず、必要な要件に該当する事由等を届出書に記載し、管理規約の写し等を添付のうえ国税庁長官宛に提出することで、法人番号を取得することもできます。この場合、法人番号等は公表同意書に同意し提出した場合にのみ、「国税庁法人番号公表サイト」に掲載されます。

　マンション管理組合の組織形態と法人税法上の取扱いは、以下のとおりです。

マンションの組織形態と法人税法上の取扱い

組　織	名　称	法人税法上の取扱い	法人番号の付番
任意組合	・管理組合 ・団地管理組合	人格のない社団等	原則付されない
法人	・管理組合法人 ・団地管理組合法人	公益法人等 （みなし規定）	付される

　なお、管理組合法人は、区分所有法47条13項において、法人税法別表二の公益法人とみなされているので、法人税法上の収益事業（管理費・修繕積

立金の徴収や区分所有者に対する駐車場使用料等は収益に該当しない）を行っていなければ、法人税は課税されません。

3 マンションで想定される収益事業と 「収益事業の区分」

(1) 想定される収益事業

　マンションで想定される収益事業は、以下のとおりです。カッコ書が収益事業の区分となります。いずれの事業を行っている場合も原則、法人税等が発生し、法人番号が付されることとなります。ただし、実際に法人税等が発生するかは、マンション個々の実態により判断されます。

① 駐車場・バイク駐車場等の外部貸し※ （駐車場業）

② 駐車場・バイク駐車場等の更新料 （駐車場業）

③ 来客用駐車場の一時利用料 （駐車場業）

④ カーシェアリング・自転車 （シェアリング） レンタル （物品貸付業）

⑤ 携帯電話基地局 （アンテナ） の設置 （不動産貸付業）

⑥ 広告看板の設置 （不動産貸付業）

⑦ 電柱の設置 （不動産貸付業）

⑧ 太陽光発電・風力発電による売電販売 （製造業）

⑨ ゲストルームの宿泊料 （旅館業）

⑩ 自動販売機設置の収入 （物品販売業）

⑪ プール・フィットネスジム等の使用料 （遊技所業）

⑫ 温泉の入浴料 （浴場業）

⑬ その他 （車庫証明や重要事項説明書の発行、野菜等の販売、リサイクル等）

(2) 外部貸しについて

　近年、空き駐車場の解決策の一つである、居住者以外への貸出、いわゆる "外部貸し" を検討する管理組合が出てきています。この場合、募集方法や運営ルール、課税等の問題をクリアする必要があります。募集方法や運営

ルールについては、管理組合が独自で運営する方法や駐車場事業者に募集を含む運営の全部委託をする方法が多く採用されています。駐車場事業者が運営するサブリースの場合、マイナンバーや法人税・消費税等の申告は不要です。

　また、課税については、平成24年2月（国住マ43号）国土交通省住宅局により、国税庁に「マンション管理組合が区分所有者以外の者へのマンション駐車場の使用を認めた場合の収益事業の判定について」照会が行われ、課税関係がはっきりしています。

　なお、組合員から徴収している、管理組合のいわゆる共済的事業（組合員の共通利益を図るための事業。いわゆる管理組合運営）に使用する管理費等については、必要な費用を負担しているだけなので、非収益事業となり法人税は課税されません。

4 マンションで想定されるマイナンバーの取扱い

（1）　マンション管理に関係する専門家

　マンション管理は、多岐にわたるため、理事会等で解決できないときは、頼れる専門家に顧問や相談等の業務を依頼し、報酬を支払うこともあるでしょう。専門家を活用した場合、税務署に提出する法定調書（支払調書・源泉徴収票）に専門家等のマイナンバーを原則、記載する必要があります。

　マンションで想定される専門家は、以下のとおりです。

マンション管理で活用される専門家

マンション管理士	管理規約、使用細則の制定や変更または廃止、管理費等や管理委託契約の見直し、大規模修繕工事の進め方等、マンション管理に関する専門的知識を持って、管理組合の運営全般をアドバイスする

弁護士	管理費等の長期滞納者に対する法的処置や違反行為の差止め等の請求を訴訟によって行うことを検討する場合、サポートを受ける
司法書士	登記や供託手続の専門家で、管理組合の法人化の相談や、法人登記等を依頼する。また、一定額以下の未納管理費等の支払請求訴訟の代理実行も依頼可能
行政書士	権利義務や事実証明に関する書類作成の専門家で、総会議事録や車庫証明の作成人になってもらうことが可能
建築士	建物や設備の劣化診断、大規模修繕、長期修繕計画、耐震診断等の相談にのってもらうことや、これらの診断や設計、監理の実務を依頼できる
公認会計士・税理士	会計に関する相談に対応してもらえる他、管理組合会計の財務諸表や監査、駐車場の外部貸し等、収益事業の税金相談も可能

　なお、マンション管理士の業務（顧問業務等業務の全般）や行政書士の一部業務については、原則、源泉税はかからないため源泉徴収義務はありません。ただし、講演料や原稿料については源泉徴収義務がある（一定額を下回る場合は不要。Q13参照）ため注意が必要です。

(2)　役員報酬と協力金

　マンションによっては、役員（理事および監事）の負担を軽減し、成り手不足を解消するため、役員報酬の支払や組合員から協力員を受領している管理組合もあります。なかには、第三者管理者方式を採用し、外部の管理者に報酬を支払うケースもあるでしょう。

役員報酬や管理者への報酬は、管理組合に源泉徴収義務があるため、税務署に提出する法定調書（支払調書・源泉徴収票）に役員等のマイナンバーを記載する必要があります。具体的には、所得税および復興特別所得税額を計算し、支払額から差し引き国に納付する義務があります。

　その際、給与支払事務所等の開設届出書を提出する必要があります。なお、協力金は、実態によって判断がなされますが、原則、非課税とされているので、この場合はマイナンバーは不要です。

（3）　マンションで働く人々（雇用管理員等）

　マンションで働く人というと、一般的に窓口業務を担当する管理員やコンシェルジュ、清掃員、警備員、総会や理事会支援等の管理組合の運営全般を担当するフロント担当者等が思い浮かぶのではないでしょうか。

　このようにマンションの管理組合法人等が職員を直接雇用して賃金を支払う場合は、源泉徴収義務があるため、税務署に提出する法定調書（支払調書・源泉徴収票）や労働保険料等申告書・社会保険算定基礎届に雇用管理員等のマイナンバーを記載する必要があります。ただし、直接雇用ではなく管理会社や協力会社等に雇用され、または委託を受けている場合は、管理会社や協力会社等において契約形態等に応じたマイナンバーの取扱いをします。

　このように税務署に法定調書（支払調書・源泉徴収票）の提出がある場合等は、提出時に支払者（管理組合等）の法人番号と支払を受ける者（専門家、役員、雇用管理員等）のマイナンバーを記載する必要があります。そのため、支払を受ける者からマイナンバーの提供をあらかじめ受ける必要があります。

　なお、マイナンバーは特定個人情報にあたりその取扱者は、個人情報保護法とは違い、取扱規模に関わらず、番号法の制限を受ける（なお個人情報保護法よりも重い罰則が科せられています）ため、適切な安全管理措置を講じる必要があります（安全管理措置については Q34～Q40参照）。

Q61

管理会社にマンション管理を委託している場合と、自主管理をしている場合とで、マイナンバーの取扱いに違いはありますか？

A

　管理会社に管理を委託している場合は、管理会社法人、団地管理組合法人等の法人番号や理事長（管理者等）のマイナンバーの取扱い等の安全管理措置について、管理会社によく確認をしておきましょう。

　また自主管理マンションでも、管理組合法人、団地管理組合法人の場合や収益事業を行っている場合、法人番号が付されます。なお、管理員や清掃員等を直接雇用している場合は、源泉徴収義務がある団体に該当するため、管理組合等で法定調書等の提出に伴いマイナンバーが必要です。

解説

1 管理会社に委託している場合

　日本の分譲マンションの約9割が、マンションの管理会社に何らかの委託（全部委託や一部委託）をしています。管理会社に委託している場合は、管理組合と管理会社で締結する、委託契約の重要事項説明や管理委託契約書の締結時に管理組合法人、団地管理組合法人等の法人番号や、理事長（管理者等）のマイナンバーの取扱い等の有無について、主として預金口座への付番が始まった際に説明や記載があるかを確認しておきます。

特に管理会社は、協力会社に再委託することも多いため、信用できる委託先であるか、管理会社と協力会社との間でマイナンバーの取扱いについて委託がなされるのか、なされている場合はマイナンバー等の取扱いや監督が適切になされているか、再委託や再々委託することについて許諾があるかをよく確認しましょう。

　また、収益事業等に関わる税申告について、管理会社が代行してくれるのか、別途公認会計士・税理士等への依頼が必要なのかも確認するとよいでしょう。

2 ▶ 自主管理の場合

（1）　法人番号の付番について

　管理を委託しない自主管理マンションでも、管理組合法人、団地管理組合法人は、法人であるため、すでに法人番号が付され、他の法人と同様の取扱いとなります。

　一方で法人ではない管理組合、団地管理組合の場合は、収益事業や法人税・消費税等の申告を行っているか、行っていないかで法人番号の付番の有無が決まります。詳しくは Q61 をご参照ください。

（2）　マンションで働く人々（雇用管理人等）のマイナンバーの取扱い

　また、管理組合等が管理員や清掃員等を直接雇用している場合、源泉徴収義務がある団体に該当するため、税務署に提出する法定調書（支払調書・源泉徴収票）や労働保険料等申告書・社会保険算定基礎届に雇用管理員等のマイナンバーを記載する必要があります。詳しくは Q61 をご参照ください。

　なお、収益事業等に関わる法人税・消費税等の申告について、管理組合等で行うのか、別途公認会計士・税理士等への依頼をするのか明確にしておきましょう。

3 管理組合等が特に気をつける事項

　管理会社に委託している場合も気をつける必要がありますが、特に自主管理の場合、以下のことに気をつけましょう。

① マイナンバーは他の名簿と分けて、施錠ができる書庫等で保管すること

② 収集や保管の取扱管理者を限定すること

③ 住民票を取り扱う際は、マイナンバーの記載がないものを取り扱うこと

④ 管理組合や個人のパソコン等にデータを保存しないこと　等

　これら安全管理措置のため、ガイドライン（事業者編）等を参考に「取扱管理者の選定方法」「保管方法等の運用マニュアル」を作成することが望ましいでしょう。安全管理措置については Q34〜Q40をご参照ください。

Q62

修繕積立金の運用やペイオフ対策として、定期預金等の口座の開設を検討しています。マイナンバーの取扱いで気をつけることはありますか？

A

　管理組合、団地管理組合の場合、任意団体であるため「○○管理組合理事長」等の個人名で銀行口座が開設されています。平成30年以降、金融機関における預貯金口座開設の際に管理組合理事長のマイナンバーを提供することが必要となります（当分は任意です）。

また、管理組合等が、理事長等のマイナンバーを収集する場合は安全管理措置を講じる必要があります。

解説

　管理組合、団地管理組合の場合、任意団体であるため、「○○管理組合理事長」といった個人名で銀行口座が開設されています。また、理事長等は早ければ1年で交代されるため、小規模マンションでは、数十年後には大半の組合員のマイナンバーを把握してしまう可能性もあります。そのため、理事長等のマイナンバーの取扱いについては、管理会社への委託の有無に関わらず、注意する必要があります。なお、国税庁長官宛に法人番号取得の届出をすることで、収益事業や税申告の有無に関わらず、法人番号を取得することもできます。これにより今後、金融機関等の民間利用が開始された際に、理事長等のマイナンバーの取扱いをしなくてすむというメリットが考えられるので、法人番号の取得を検討してみてもよいでしょう。詳しくは**Q60**をご参照ください。

1 管理組合の預金口座

　マンションの管理組合の預金口座は、「収納口座」「支払口座」「保管口座」の3種類に分けられ、管理費等の収納方法によって、使用される口座は異なります。一般的には、収納口座および保管口座は、理事長個人名義で開始されることが多いでしょう。

収納口座	管理費・修繕積立金・駐車場の専用使用料等が入金される口座
支払口座	管理組合の通常管理に要する費用を支払うための口座
保管口座	修繕積立金および管理費等余剰金を保管するための口座

（1）　管理費および修繕積立金等

　集金代行会社にて組合員の預金口座から、口座振替にて振り替え、管理組合理事長名義の「収納口座（管理費）」「保管口座（修繕積立金）」に収納されることが一般的です。

（2）　費用支払

　収納口座に収納された資金から管理事務に要した費用を支払口座に資金移動し、支払を行います。残額は「保管口座（管理費）」に移しかえます。保管口座から支払資金を移動する場合は、集金代行会社が理事長等にその都度、承諾を得て行われます。

　管理会社等に委託し、収納口座や保管口座から定期預金を作成する場合、理事長等のマイナンバーの安全管理措置について注意が必要です。特にネットバンキング等を利用した支払や運用の場合、セキュリティ等の安全管理措置について、管理会社等によく確認をしましょう。

　なお、近年の大手管理会社では、プライバシーマークの取得や品質管理および品質保証の国際規格であるISO9001等を取得している管理会社も多いので、目安の一つにするとよいでしょう。

管理会社に委託し集金代行会社を使用している、一般的なイメージ図

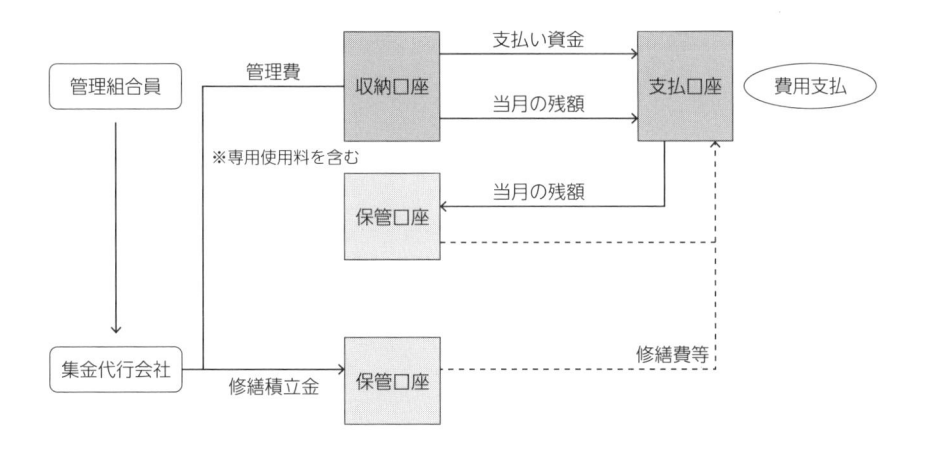

2 預貯金口座へのマイナンバーの付番について

　平成30年を目途に預貯金口座とマイナンバーの紐付けが行われることになります（詳しくは Q3参照）。管理組合理事長名で預貯金口座を開設したり、また、修繕積立金の運用等のため、定期預金、すまい・る債、定期預金の給付補てん金、損害保険契約の満期返戻金等の際にも理事長のマイナンバーの提供を求められることになるでしょう（ただしすまい・る債の利子等については支払調書の提出が義務付けられていないですが損害保険商品に関する支払調書については、経過措置が設けられていないため注意が必要です）。これに伴い管理組合が理事長のマイナンバーを取り扱うのであれば、安全管理措置を講じる義務がありますので十分注意が必要です。

　平成28年1月の施行時においては、特段気にする必要はないといえますが、マイナンバーに関する動向について注意するようにしましょう。

第4章

判断に悩む
レアケース

非正規雇用とマイナンバー

Q63

プロジェクトごとの有期雇用の場合、マイナンバーはいつ取得したらよいですか？

A

　正規従業員と同じく入社時に取得することになります。有期雇用の従業員であっても給与所得の源泉徴収票作成や雇用保険、社会保険の被保険者資格取得の際にマイナンバーが必要になるからです。

解説

1　有期雇用の従業員とマイナンバー

（1）　税分野

　扶養控除等（異動）申告書や給与所得の源泉徴収票、給与支払報告書等を税務署へ提出する場合にもマイナンバーを記載します。そのため、有期雇用の従業員であってもマイナンバーを収集する必要があります。

（2）　社会保障分野

① 雇用保険分野

　平成28年1月1日以降、雇用保険被保険者資格取得届や雇用保険被保険者資格喪失届等の雇用保険関係の届出書にマイナンバーを記載して提出する必要があります。そのため、事業主は従業員等からマイナンバーを収集しておく必要があります。

　なお、有期の労働契約が31日未満の場合等で雇用保険の加入義務がないときには、雇用保険分野でのマイナンバーの使用はありません（しかし、税

分野での手続にあたりマイナンバーを使用する際には、マイナンバーを収集します）。

② 社会保険分野

　平成29年1月1日以降、健康保険・厚生年金保険被保険者資格取得届や健康保険・厚生年金保険被保険者資格喪失届、健康保険被扶養者（異動）届等の社会保険関係の届出書にマイナンバーを記載して提出する必要があります（ただし、日本年金機構については当分延期）。そのため事業主は、従業員等からマイナンバーを収集する必要があります。

　2か月以内の有期労働契約の場合には、原則的に社会保険の被保険者になる要件を満たさないと考えられますのでマイナンバーは使用しません。個人番号の利用目的は、できる限り特定する必要があるため、このような場合には個人番号取得の際の利用目的からは、「健康保険・厚生年金保険届出事務」といった社会保険に関する部分は、削除するべきであるといえます。しかし、その後、社会保険の被保険者資格を満たし社会保険に加入する場合等、個人番号の利用目的に変更が生じるときには、本人へ通知等を行うことにより、利用目的の変更を行うことができます（ガイドライン（事業者編）P15）。

2 有期の労働契約がくり返される場合

　有期の労働契約がくり返される場合、以前有期労働契約を締結した際に給与所得の源泉徴収票作成等のために取得したマイナンバーは、以後に締結される有期労働契約に関する給与所得の源泉徴収票作成事務のためにも使用することができるとされています。雇用保険や社会保険においても同様に有期の労働契約がくり返される場合には、以前取得したマイナンバーを使用することが可能であると考えられます。ただし、以前の雇用契約を締結したときに、これらに関して利用目的の明示が従業員になされていたことが前提となります。

Q64

日雇労働者からもマイナンバーを取得しなければなりませんか？　正規従業員と異なる点はありますか？

A

　日雇労働者であっても、マイナンバーの取得が必要になる場合があります。収集方法等は正規従業員と同様の方法で行います。

解説

1 日雇労働者とマイナンバー

（1）　税分野

　日雇労働者であって、その年間の給与等の額が50万円を超える場合には給与所得の源泉徴収票を税務署へ提出する必要があります。その場合には、マイナンバーの記載が必要です。

（2）　社会保障分野

① 雇用保険分野

　日雇いで働く労働者で以下の要件に該当する場合には、事業主が雇用保険被保険者資格取得の手続を行う必要はありません。そのため雇用保険分野においてマイナンバーは使用しないことになります。この要件に該当する労働者を雇用保険日雇労働被保険者といいます。

　・日々雇用される場合や30日以内の期間を定めて雇用される場合

・同じ事業主に2か月続けて18日以上雇用されていない場合

　ただし、31日以上連続して雇用されるようになったときや、2か月続けて18日以上同じ事業主のもとで働くことになった場合には、正規従業員と同じ一般被保険者になるため、別途、手続が必要です。その際には、マイナンバーを記載して手続を行います。

② 社会保険分野

　日雇労働者の場合には、原則的に社会保険の被保険者になる要件を満たさないと考えられるため、資格取得の手続を行う必要はなく、マイナンバーを取得する必要はありません。

③ 雇用形態が変わる場合

　番号法では、個人情報保護法とは異なり、本人の同意があったとしても、利用目的を超えてマイナンバーを利用することは認められません。例外的に、当初の利用目的と相当の関連性を有すると合理的に認められる範囲内では利用目的を変更して、本人への通知等を行うことにより、変更後の利用目的の範囲内でマイナンバーを利用することができるとされています（個人情報保護法15条2項、18条3項）。雇用契約に基づく給与所得の源泉徴収票作成事務のために提供を受けたマイナンバーを、雇用契約に基づく健康保険・厚生年金保険届出事務等に利用しようとする場合は、合理的に認められる範囲内であるため、利用目的を変更して本人への通知等を行うことによりマイナンバーを利用することができるとされています。

　例えば、日雇労働者について、社会保険の対象にはならないとして、「給与所得の源泉徴収票作成」を利用目的として、日雇労働者からマイナンバーを取得した場合、その後に雇用形態が変わる等して社会保険の対象になったときには、利用目的を変更してマイナンバーを利用できることになります。

　このような場合、事業者の判断にもよりますが、実務上、健康保険・厚生年金保険届出事務等も利用目的として列挙したうえで、ただし書きとして、

「該当者のみ使用する」と書いてマイナンバーを収集するほうが幅広く対応できるといえるでしょう。

②▶日雇労働契約がくり返される場合

日雇の労働契約がくり返される場合、前の日雇労働契約を締結した際に給与所得の源泉徴収票作成のために取得したマイナンバーは、次の日雇労働契約に基づく給与所得の源泉徴収票作成事務のためにも使用することができるとされています。雇用保険や社会保険においても同様に日雇の労働契約がくり返される場合には、以前取得したマイナンバーを使用することが可能と考えられます。

③▶雇用保険日雇労働被保険者の手続

① (2) の雇用保険日雇労働被保険者に該当する労働者は、自分でハローワークへ手続を行います。その際に提出をする雇用保険日雇労働被保険者資格取得届にもマイナンバーを記載する欄があります。

フリーランスとマイナンバー

Q65

フリーランスの業務受託者からもマイナンバーを取得しなければなりませんか？　正規従業員と異なる点はありますか？

A

　フリーランスの業務受託者（個人事業主、講師等）へ報酬を支払い、支払調書を作成する場合には、マイナンバーの記載が必要です。取得や保管に関しては、正規の従業員と同様に安全管理措置を実施します。

解説

1 フリーランスの業務受託者とマイナンバー

　フリーランスの業務受託者（通常は個人事業主）へ報酬を支払った場合には、その年中の支払金額により「報酬、料金、契約金及び賞金の支払調書」を作成して、税務署へ提出する必要があります。なお、「報酬、料金、契約金及び賞金の支払調書」へのマイナンバー記載は、平成28年1月1日以降に支払をした分からです。

2 フリーランスの業務受託者からのマイナンバー収集

　フリーランスの業務受託者からマイナンバーを収集する場合には、従業員からマイナンバーを収集するときと同様、利用目的を通知し、本人確認を実施する必要があります。利用目的の通知については Q15 を、本人確認については Q16 をご参照ください。

3 フリーランスの業務受託者のマイナンバーの保管

　フリーランスの業務受託者からマイナンバーを収集し、保管する場合には「安全管理措置」を実施する必要があります。

4 フリーランスの業務受託者との再契約

　セミナー講師にセミナーを依頼したときや弁護士や税理士、社労士等にスポット契約で業務委託を行ったときには、その報酬の金額によって（年間5万円以下の場合は不要です）「報酬、料金、契約金及び賞金の支払調書」を作成します。その後、保管期限内に再度、同一の人へ業務を依頼した場合には、以前収集したマイナンバーを後の業務契約に対する「報酬、料金、契約金及び賞金の支払調書」の作成事務のために使用することが可能です。

認知症患者とマイナンバー

Q66

認知症患者からマイナンバーを取得する際、どのような点に注意すべきですか？

A

　認知症患者のマイナンバーの取扱いは法定代理人の有無により対応が異なります。なお、福祉施設においては施設利用者のマイナンバーを取得する必要はありません。従業員等へ写真やメモをとらない等の指導を行いましょう。

解説

1 法定代理人によるマイナンバーの手続について

　法定代理人（後見人）がいる認知症患者の場合には、その法定代理人が①法的に代理権を有する旨の登記事項証明書等の資料、②代理人の本人確認書類を確認し、代理人より本人のマイナンバーの提供がなされることになります。

2 高齢者施設利用者とマイナンバー

　原則として、給与支払等の発生しない高齢者施設利用者等に関しては、マイナンバーを取り扱う場合はありません。ただし、施設形態によっては利用者の生活に深く接することとなるため、マイナンバーの取扱いについて注意が必要です。

　番号法20条には、原則として、何人もマイナンバーを収集し、または保

管してはならないことが定められています。この「収集」には受取りや、メモ、プリントアウトも含まれます。カード自体を目視すること自体は「収集」には該当しないので、過度に神経質になる必要はありませんが、郵便物等にまで触れる間柄の場合は、一時的にでもお預かりすることがないようにしましょう。

Q67

軽度認知障害（ＭＣＩ）を有する者からマイナンバーを取得する際、どのような点に注意すべきですか？

A

　軽度認知障害（ＭＣＩ）を有する者であっても、一部の認知機能の障害があるものの日常生活に支障はありません。認知の程度に注意しつつ、通常と同様の手続をとりましょう。マイナンバーを取得する必要があると考えられるのは、雇用により給与支払を行う場合や健康保険・厚生年金に加入するといった場合です。

解説

1 軽度認知障害とは

　健常者と認知症の人の中間の段階（グレーゾーン）をＭＣＩ（Mild Cognitive Impairment：軽度認知障害）といいます。

　具体的には、認知機能（記憶、決定、理由付け、実行等）のうち一つの機能に問題が生じてはいても、日常生活には支障がない状態のことです。

ＭＣＩ（軽度認知障害）とは

軽度認知障害の定義	記憶障害の訴えが本人または家族から認められている
	日常生活動作は正常
	全般的認知機能は正常
	年齢や教育レベルの影響のみでは説明できない記憶障害が存在する
	認知症ではない

2 軽度認知障害を有する者のマイナンバー

　軽度認知障害を有する者のマイナンバーについても、市区町村の住民基本台帳に住民票が登録されている限り、住民票記載の所在地の本人宛に市区町村から簡易書留により通知されています。

　そのため、雇用する等マイナンバーを取得する必要が生じた場合、本人確認とともに本人への利用目的を通知したうえで、マイナンバーの提供を受け、具体的な説明によって取得および利用することとなります。

3 ▶ 軽度認知障害を有する者の本人確認（身元確認）について

　軽度認知障害を有する者でも上記のように日常生活に支障はなく、通常と同様、運転免許証、健康保険証等の番号法、番号法施行規則及び告示等で認められた本人確認書類の提示を求めることにより本人確認（身元確認）を行います。

障がい者とマイナンバー

Q68

障がい者が就労支援を受けている場合、事業主はその障がい者のマイナンバーを取得しなければなりませんか？

A

　就労支援が雇用契約に基づくものであれば、事業主は就労している障がい者からマイナンバーを取得しなければなりません。この際の取扱いは正規従業員と何ら変わることはありません。

解説

1 就労支援とは（その類型）

　障害者総合支援法に基づく就労支援には、大きく二つの種類の支援があり、それによってマイナンバーの取扱いが異なります。

（1）　就労継続支援A型：雇用契約

　一般的な民間事業者に雇用されるのは困難でも、一定の事業主との間での雇用契約に基づく就労が可能である人に対して行われる、就労の機会の提供をいいます。

　雇用契約関係がありますので、最低賃金以上の給与を支払う義務が事業者には課されますし、加入要件を満たしていれば、労災保険・雇用保険・社会保険（健康保険・厚生年金）にも入ります。

（2）　就労継続支援B型：授産的活動

　A型と異なる点は、雇用契約に基づく就労が困難である人に対して行われ

る支援である点です。この場合は、就労する障がい者と事業所との間に雇用契約関係はなく、支払われる工賃は、所得税法上雑所得として取り扱われます。

	A 型	B 型
雇用契約	あり	なし
支払われる工賃	給与所得 (年末調整の対象となる)	雑所得 (本人が確定申告する)

2 事業主がマイナンバーを取得するケース

　就労継続支援A型で就労する場合、事業主は就労する障がい者から、マイナンバーを取得します。この取扱いは、正規の従業員に関するものとまったく相違ありません。

　一方、B型で就労する場合、事業主は報酬に関する支払調書等マイナンバーを記入すべき法定調書の作成、税務署への提出義務がないためマイナンバーを取り扱うことはなく、工賃を受けた障がい者本人が、確定申告をすることとなります。もっとも、雑所得のみの収入である場合、確定申告は年間収入が20万円を超えなければ必要ありません。就労支援B型で受ける工賃は、最低賃金の適用も受けませんので、年間収入が20万円を超えるケースは稀ではないかと思われます。

3 知能障がい等により本人の理解が困難な場合

　知能障がいの程度により利用目的を理解したり、マイナンバーの提供、本人確認書類の提示をしたりすることが難しい場合は、代理人による手続をとることも考えられます。

　法定代理人が法的に代理権を有する旨を表示する書面（未成年であれば戸籍謄本、成年後見であれば登記事項証明書等）の資料とともに、その代理人の身分証明資料の確認により、マイナンバーの利用目的を通知したうえで、代理人に対してマイナンバーの提供を求めましょう。

ホームレスとマイナンバー

Q69

住所不定である者にはマイナンバーは付されないのですか？　その者から、マイナンバーを取得するにはどうしたらよいですか？

A

　住所不定者は、住民登録がある場合とない場合が考えられます。それぞれの状況によりマイナンバーの受領方法は異なります。

解説

1 住所不定者へのマイナンバーの送達

　住所不定者である者は、住民の登録がある場合と、住民の登録がない場合が考えられます。

2 住民登録がある場合

　マイナンバーが記載された通知カードは、住民票に記載されている住民に指定され、市区町村から住民票の住所に簡易書留で郵送されました。

　受取人不在のために受領されなかった場合、郵便局で保管された後に、市区町村に返戻、保管され、その後市区町村において受取人の所在が調査されますが所在不明となった場合は、未達の状態が継続しています。

3 ▶ 住民登録がない場合

新たに現在居住する市区町村に転入届を行うことによって、マイナンバーの通知をその市区町村より受けることができます。

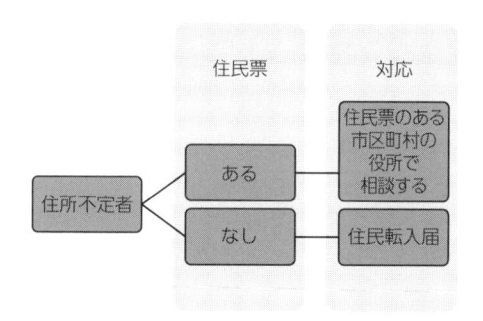

Q70

住所不定者を雇用することとなりました。どのような点に注意すべきですか？

A

従業員を雇用する場合、住所不定者であってもマイナンバーの収集が必要です。通常、住所不定者であればマイナンバーの受領が困難であることが考えられるため、状況に応じた手続を促す必要があります。

解説

1 住所不定者の雇用に伴うマイナンバー手続

　民間事業者は、従業員やその扶養家族のマイナンバーを取得し、給与所得の源泉徴収票や社会保険の被保険者資格取得届等に記載して、行政機関等に提出する必要があります。

　そのためその従業員が住所不定であっても、マイナンバーを取得しなければなりません。

　住民登録がある場合とない場合が考えられ、それぞれの場合に応じ、本人に取得を促しましょう。詳しくはQ69をご参照ください。

2 住所不定者へのマイナンバー送達

　マイナンバーを記載した通知カードは住民票上の住所へ郵送されるため、住民票上の住所に居住していない住所不定者である場合、受け取ることは困難です。

　配達できなかった通知カードは住所地の市区町村に返還され、一定期間保管されます。各市区町村により取扱いが異なることがありますので、以下の書類を持参のうえ、住民登録のある市区町村の窓口へ来庁し、通知カードを受け取れるか相談しましょう。

（1）　本人の場合

　まず、住所不定という状態は、主に以下の二つの場合が考えられます。

- ・しばらくホテルや知人の家、インターネットカフェ等を転々とし、引越し先の住所地に住民票を移していない状態
- ・住民票に記載の住所地には現在は住んでおらず、かつ不動産契約を行っていない状態で郵便等を届けられない状態

こうした場合、本人確認書類として持っている可能性があるものは、過去

の住所地の記載のある運転免許証等であると思われます。しかし、本人確認の証明ができない場合もあるでしょう。その場合は、以下のような対策が考えられます。

① 特定の居住地がある場合

　まず、以前の住所地を管轄する役所で転出届を行い、現在の住所地の管轄の役所で転入届を提出し、正しい住民票の所在地を登録しましょう。場所により異なりますが、顔写真付の公的な本人確認書類がない場合は、複合的な情報で本人確認を行います。具体的には、本人の名前が入った銀行の通帳やカード、その他ポイントカードや診察券等、姓名を確認できる複数のものと生年月日や本籍地の書出し等となります。職員の方へ事情を説明し、相談するようにしましょう。そして、住民登録をする際に、マイナンバーの取得の手続を同時に行うとよいでしょう。

② 特定の居住地がない場合

　まず、直近の住民登録がどの住所地にあるかを確認する必要があります。場合によっては、住民票記載の住所に住んでいないと判断され、職権により住民票消除の手続が行われている可能性もあります。

　その場合は、新しい住所地で住民登録を行わなければ、マイナンバーは取得できません。マイナンバーは、平成27年10月5日現在の住民基本台帳に基づいて作成され、通知が行われているため（附則1条、3条）、そのときに住民票がない人へはマイナンバーが付されていない状態となっています。

　したがって、マイナンバーを取得するためには、例えばアパートやマンション等を借りて住民票を過去の住所地から移し、新しい居住地で住民登録をしたうえで、マイナンバー発行の手続を行う必要があります。

　どうしてもアパートやマンション等を借りることができない場合は、生活保護の申請等（とそのための市区町村への相談）も視野に入れる必要があるでしょう。

(2)　代理人の場合

・本人の本人確認書類

・代理人の代理権を証明する書類（代理人が法定代理人である場合には、戸籍謄本その他その資格を証明する書類。代理人が法定代理人以外の者である場合には、委任状等、交付申請者の指定の事実を確認するに足る資料）

・代理人の本人確認書類

こうした点を本人に説明し、マイナンバーの受領を促しましょう。

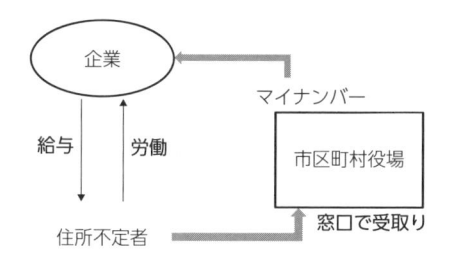

無戸籍者とマイナンバー

Q71

いわゆる無戸籍者は、マイナンバーをどのように取得すればよいですか？

A

　マイナンバーは、出生届を提出した後、住民票の作成に伴い付されるものです。無戸籍者で住民票が作成されていない場合には、法務局や市区町村窓口へ相談をして、戸籍および住民票の作成をします。

解説

1 無戸籍者とは

　子どもが生まれたときは、出産当日から14日以内に出生届を市区町村役場の窓口へ提出します。この届出によって戸籍に子どもが記載され、住民票が作成されます。

　しかし、何らかの事情により出生届の提出がなされなかった場合に無戸籍者の問題が発生します。このような場合、住民票が作成されないためマイナンバーを付すことができなくなってしまいます。

2 戸籍に記載されるための手続

　全国の法務局や地方法制局とその支局で、相談ができます。

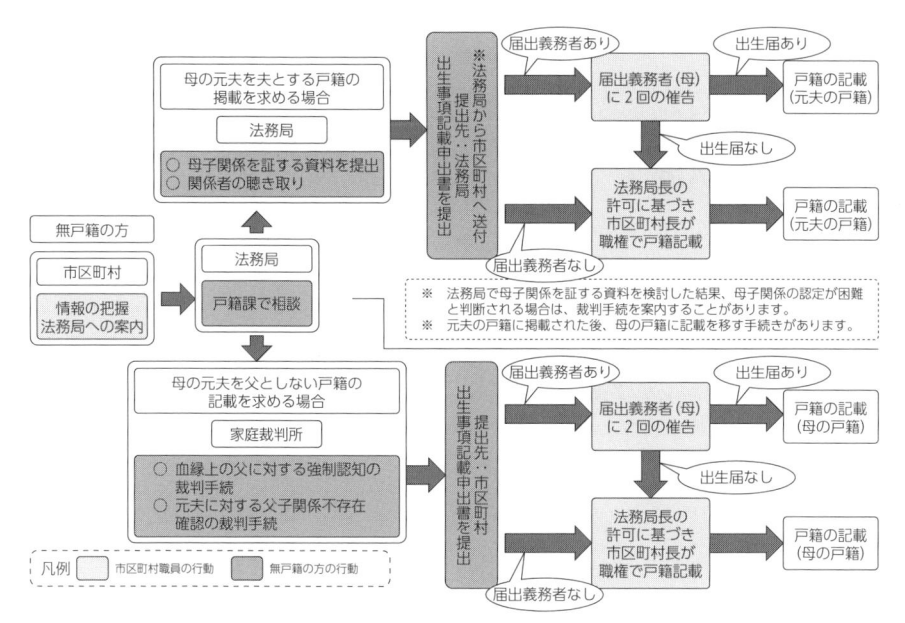

出典：法務省「無戸籍の方が自らを戸籍に記載するための手続等について」より一部改変
（http://www.moj.go.jp/MINJI/minji04_00047.html#q1-1）

3 住民票を作成するための手続

　無戸籍者であっても住民票の作成ができる場合があります。手続には市区町村の職員による居住実態の確認作業等が必要なため、現在住んでいる地域の市区町村窓口へ相談をするとよいでしょう。

　この方法により住民票が作成されれば、無戸籍者であってもマイナンバーが付されます。

婚姻とマイナンバー

Q72

結婚して姓が変わった場合、マイナンバー関連の手続が必要となりますか？

A

　マイナンバーカード・通知カードの記載内容に変更があった場合には、市区町村への手続が必要です。

解説

1 マイナンバーカード・通知カードの記載内容

　マイナンバーカードや通知カードには、氏名、住所、生年月日、性別、マイナンバー、通称名（該当する場合）が記載されます。

2 マイナンバーカード・通知カードの記載内容の変更

　姓の変更や引越しに伴う住所の変更等、マイナンバーカードや通知カードの記載内容に変更があった場合には、14日以内に市区町村へマイナンバーカードや通知カードを持参し、手続を行う必要があります。

　なお、マイナンバーカードには旧姓を並記できるよう必要な整備がされると報道がなされています（平成28年5月現在）。

Q73

海外勤務者が結婚した場合、マイナンバー関連の手続が必要となりますか？

A

結婚したこと自体によってマイナンバーが変更されることはありません。ただし、結婚によりマイナンバーカードや通知カードの記載内容に変更があった場合には、市区町村での手続が必要です。

解説

1 マイナンバーカード・通知カードの記載内容

マイナンバーカードや通知カードには、氏名、住所、生年月日、性別、マイナンバー等が記載されます。記載事項に変更があった場合は市区町村にその旨を届け出ましょう。

2 海外勤務者の結婚

(1) 国外への転出手続を済ませている場合

国外へ転出する場合、マイナンバーカードまたは通知カードは、失効します。このとき一度、市区町村長へマイナンバーカードまたは通知カードを返納します。その後、国内へ戻ってきたときに自らのマイナンバーを確認できるように「国外への転出により返納を受けた」旨が表示されたマイナンバーカードまたは通知カードが還付されます。

国外において、結婚に伴う姓等の記載事項の変更があった場合、日本へ帰

国し市区町村において転入手続をする際に、マイナンバーカードまたは通知カードの記載事項の変更を行います。

(2)　国外への転出手続を行っていない場合

　原則、結婚に伴う姓の変更等、マイナンバーカードや通知カードの記載事項に変更があった場合には、14日以内に市区町村へ届け出て手続を行う必要があります。ただし、本人が海外勤務中で14日以内の届出が困難な場合には、住民登録がなされている市区町村に相談するようにしてください。

3 海外勤務者の家族が日本国内に住んでいる場合

　例えば、住民票を除票して海外に転出したためにマイナンバーがなかったり、通知カードが受け取れていないといった場合にマイナンバーが必要な手続が生じたときには、自らのマイナンバーは、記載する必要はありません。

　しかし、家族が日本国内に住んでいて住民票を有している場合は、その家族にはマイナンバーが付されます。

　会社が行う手続において家族のマイナンバーが必要になった場合には、当該家族のマイナンバーを取得しなければなりません。

養子縁組とマイナンバー

Q74

養子縁組した場合、マイナンバー関連の手続が必要となりますか？

A

　一度付されたマイナンバーは原則一生変わることはありませんので、番号自体の変更はありませんが、養子縁組により住所または姓名が変わる場合には、マイナンバーカードの記載事項について変更の手続が必要になります。

解説

　マイナンバーそのものは、原則一生変わることはありませんので、養子縁組した場合に番号が変わる等ということはありません。ただし、マイナンバーカードや通知カードの姓名または住所地の記載事項が変更となることが想定され、この場合には変更手続が必要となります。

1 養子縁組をすると姓が変わることが多い

　養子縁組により、養親の戸籍に入る場合は養親の姓を名乗ることとなりますので姓が変わることとなります。

　最も一般的な養子縁組がこのケースに該当するでしょうから、通知カードやマイナンバーカードの記載事項変更の手続が必要になります。

2 養子縁組により姓名が変わらないケースもある

　一方、養子縁組をした場合であっても、姓名は変更しないというケースも

あります。例えば、もともと父の姓を名乗っていた子が、同じ姓を名乗っている父の再婚相手と養子縁組をした場合は、姓名変更はありません。この場合は、マイナンバーに関する手続は特に必要ありません。

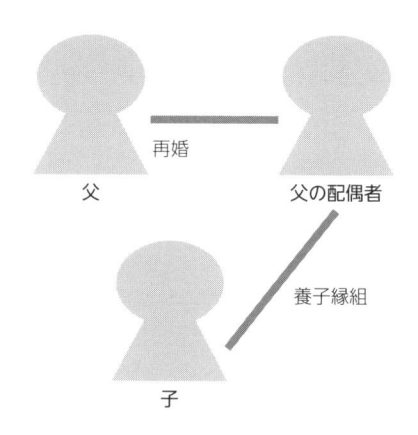

3 夫婦で養子に入るケース

　戸籍の筆頭者（例えば夫）が養子となる場合には、前述の 1 とケースと異なり、養子はその縁組によって養親の戸籍に入ることはせず、新しい戸籍を編成することになります。そして、その配偶者も夫に伴い新たに編成された戸籍に入籍することになります。この場合、養親の姓を名乗ることとなりますので、やはり記載事項変更の手続が必要になります。

　なお、このような場合で、夫婦に子がある場合は、新たに編成された戸籍への入籍届を提出する必要がありますが、この手続を経て、その子も姓が変わることとなりますので、同様に記載事項の変更の手続が必要となります。

4 離縁したときは

　養子縁組を解消することを「離縁」といいます。離縁により縁組前の姓に

復した場合で所定の期間内に届出をしたときは、離縁の際に称していた姓を称することができることとされていますので、離縁した場合は、元の姓、離縁したときの姓、いずれかの選択の余地があります。

　離縁によって姓が変更となった場合は、マイナンバーカードの記載事項変更の手続が必要になります。

> ## コラム　里親制度について
>
> 　要保護児童（保護者のない児童または保護者に監護させることが不適当であると認められる児童）の養育を委託する制度として、児童福祉法に基づき「里親制度」が設けられています。
>
> 　この制度により里親に養育されている対象児童は、養子縁組とは異なり里親の戸籍に入籍するわけではありませんので姓は変わりませんが、住所地が変わることとなるでしょう。したがって、転入手続とともに、通知カードやマイナンバーカードに関して記載事項の変更手続が必要となります。

外国人（中長期在留者、特別永住者）とマイナンバー

Q75

外国人にもマイナンバーは付されますか？ マイナンバー取得における日本人と異なる手続はありますか？

A

　住民登録を行っている外国人にはマイナンバーが付されます。対象外国人がマイナンバーの付番を受けるために日本国籍を有する者と異なる手続をしなければいけないということはありません。なお、外国人に対してもマイナンバーカードも発行可能であり、本人確認書類として重宝しそうです。

解説

1 外国人と住民基本台帳

　住民基本台帳法改正に伴い、平成24年7月9日以降、入管法上の在留資格をもって在留する外国人（ただし3か月以下の在留期間が決定された者等は除きます。一般的に「中長期在留者」と呼ばれますので、本Qでもそのように呼びます。在留資格による違いは2、3で後述します）に対しては、住民基本台帳法の適用対象に加えられ、住民基本台帳に記録されることとなりました。

　マイナンバーは、市区町村において住民基本台帳に記録された者に付され、通知カードの送付によって通知がなされるものですから、住民基本台帳に記録された外国人についても同様に付番、通知がなされています。

　番号法施行後に日本において住民基本台帳に記録されることとなった外国人についても、マイナンバーが付され、速やかに通知カードが送付されるこ

ととなります。

2 マイナンバーが付される外国人（中長期在留者）

　中長期在留者に該当する場合は、その在留資格に応じた「在留カード」と呼ばれるカードが交付されます。在留カードの交付を受けた外国人は、14日以内に居住地の市区町村に住民登録を行う必要があります。

　住民登録を行えば、マイナンバーが付され、通知されることになります。

3 その他の在留者とは

　「その他の在留者」とは、具体的には以下の人が該当します。

　・3月以下の在留期間が決定された者

　・短期滞在の在留資格が決定された者

　・外交または公用の在留資格が決定された者

　・上記3点に準ずるものとして法務省令で定めるもの

　これらに該当する場合、在留カードが交付されません。したがって、住民登録の必要はなく、マイナンバーは付されないことになります。

(1)　3月以下の在留期間が決定された者

　例えば「技術・人文知識・国際業務」という在留資格を付与されているが、3か月の期間しか許可されていない等の状況の人が該当します。

　人材のグローバルな流動化が進んでおり、報酬を伴う活動を非常に短期間日本国内で行うといったケースも出てきています。こういったケースに対応するために、平成24年7月施行の改正入管法で新たに定められた在留資格です。このような短期間の在留の場合は、在留カードが交付されない仕組みになっています。したがって、マイナンバーは付されないこととなります。

(2)　短期滞在の在留資格が決定された者

　この在留資格は「観光ビザ」等と呼ばれている場合が多く、日本へ短期間

で観光したり、親族を訪問したり、商用で打合せや市場調査に来日している外国人が該当します。

このような場合は、そもそも日本で報酬を伴う活動を行うことを目的としておらず、そのため、外国人ならではの身分証が交付される必要がないという考えから在留カードは交付しないという取扱いになっています。したがって、マイナンバーは付されません。

(3)　外交または公用の在留資格が決定された者

この在留資格が付与されるのは、外国政府の領事機関の構成員、外交使節やその家族といった人です（外交ビザ）。

また、外国政府または国際機関の公務に従事する外国人やその家族といった場合もあります（公用ビザ）。

この在留資格の外国人は、そもそもその外国政府のために来日し、その外国政府のための仕事を行い、その外国政府の仕事が終われば帰国することを前提としており、日本国への定着性という観点からも住所地を定めなければならないという概念に乏しく、ある意味、特権を持った外国人ともいえます。したがって、在留カードは交付しないという仕組みになっており、マイナンバーも付されません。

4　外国人へのマイナンバー付番の判断

外国人は、マイナンバーが付される人とされない人に分かれ、その判断は在留カード交付の有無によっておおむね可能といえます。

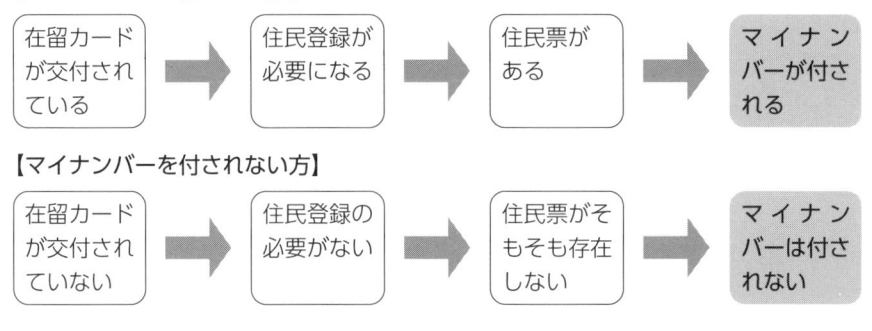

【マイナンバーを付される方】

在留カードが交付されている → 住民登録が必要になる → 住民票がある → マイナンバーが付される

【マイナンバーを付されない方】

在留カードが交付されていない → 住民登録の必要がない → 住民票がそもそも存在しない → マイナンバーは付されない

Q76

氏名と通称名がある場合、マイナンバーカードにはどのような記載がなされますか？

A

　マイナンバーの通知カードの記載は、「住民票に記載されている事項」が記載されます（総務省令85号8条）。したがって、住民票に通称名が記載されていれば、マイナンバーカードにも記載されます。

　なお、在留カードには通称名が記載されていませんが、これは、法務省では通称名を管理する必要がないためです。

　顔写真入りの公的身分証明書で、氏名と通称名の二つが並列に記載されるのは、マイナンバーカードだけになると考えられます（総務省令85号18条）。

解説

1 在留カードには通称名の記載はない

　Q75で解説した「中長期在留者」に交付される在留カードについては、通称名について法律上記載が求められず、また実際の運用としても記載はされません。このことについて、法務省入国管理局ホームページでは次のように説明されています。

> 　新しい在留管理制度・特別永住者制度の下で法務大臣が継続的に把握する情報は、公正な在留管理制度に必要なものに限られますが、通称名は在留管理に必要な情報ではないことや、基本的に、住民行政サービスに必要な情報は、外国人に係る住民基本台帳制度において保有されること等を考慮し、法務省において通称名の管理（在留カード等への記載を含む。）をしないこととしているからです。

2 住民票には通称名の記載がある

　しかし、このような中長期在留者の外国人が住民票に通称名の記載をしたい場合には、その必要性を証明する資料を提示し（住民基本台帳法施行令30条の26第1項）、住所地市区町村長は、通称名記載の申出書の提出を受けて、居住関係の公証のために必要であると認められるときは、住民票に通称名を記載しなければならないこととされています。

　その結果、住民票には通称名が実名と併せて記載されていることがあります（住民基本台帳法施行令30条の25第1項）。

3 マイナンバーカード（通知カード含む）には両方記載される

　このような事情から、中長期在留者、特に、特別永住者等日本に生活基盤が確立し、平成24年7月の在留カード交付以前から通称名を使用していた

外国人は、住民票には通称名が記載されているのに、身分証明書となる在留カードには通称名が記載されずに、不便を強いられる事態が多く存在していました。

通知カードには、「住民票に記載されている事項」が記載されることになります。その結果、住民票に通称名が記載されていれば、この通称名が実名と併せて表記されることになります。

また、マイナンバーカードの取扱いも同様であり、住民票に通称名が記載されていれば、マイナンバーカードにも通称名が記載されることとなります。

マイナンバーカードは通知カードと異なり公的な身分証明書として機能するため、通称名を使用したい場合は、マイナンバーカードの作成をしておくと便利でしょう。

4 外国人のための公的身分証明証

外国人は、要件を満たせば公的身分証明として、従来の「在留カード」とともに「マイナンバーカード」が交付されることになります。通称名に関しては以下のとおり取扱いが異なります。

在留カード	通称名は記載されない
マイナンバーカード	通称名を住民票へ記載することができれば、マイナンバーカードにも通称名が記載されることとなる

Q77

平成28年８月に在留期間を更新予定の外国人従業員のマイナンバーカードはどのような取扱いになりますか？　また、外国人従業員が帰国するときには何か手続が必要ですか？

A

　外国人のマイナンバーカードの有効期限は、原則、その在留期間の満了の日までとなります（総務省令85号27条１項）。

　在留期間が更新され、在留期間に変更が生じた場合には、その外国人からの申請に基づき、新たな在留期間の満了の日にカードの有効期間を変更することができます。

　なお、マイナンバーカードは、外国人が国外に転出したときには失効します（番号法17条６項、政令155号14条１項１号）。

解説

1 マイナンバーカードには有効期限がある

　マイナンバーカードには有効期限があります（カードに記載されています）。

マイナンバーカードの有効期限

マイナンバーカードの発行の日において20歳以上の者	当該発行の日から当該発行の日後のその者の10回目の誕生日まで
マイナンバーカードの発行の日において20歳未満の者	当該発行の日から当該発行の日後のその者の５回目の誕生日まで

外国人の場合は、原則として在留期間の満了の日までが有効期限となります。ただし、入管法別表第1の2の表の上覧の「高度専門職（第2号）」および別表第2の上覧の「永住者」、ならびに「特別永住者」の在留資格をもって在留する者については、在留期間が無期限とされているため、有効期限は日本人の場合と同様になります。

2 在留期間の更新をくり返す場合の有効期限

しかし、なかには、在留期間が1年や3年の短期である外国人も存在し、そのような外国人にとっては期間更新の都度、マイナンバーカードを作り直すというのは非常に煩雑です。

そこで、在留資格の変更または在留期間の更新により在留期間に変更が生じた場合には、本人からの申請に基づき、新たな在留期間の満了の日にマイナンバーカードの有効期限を変更することが可能となっています。

また、外国人の場合は、在留資格の変更や在留期間の更新の申請の際に、在留期間満了日前に申請すれば、その満了日までにその申請に対する処分がされない場合であっても2か月までの間は、引続き適法に在留することができます。これを「特例期間」といいます（入管法20条5項および21条4項が準用する20条5項）。この特例期間の満了日までも、本人からの申請に基づき、マイナンバーカードの有効期限を延長することが可能となります。

なお、上記変更や更新の申請が不許可になった場合、当該外国人には30日間の在留資格「特定活動」という、出国の準備のための在留期間が付与されるケースが多く、その場合は、いわゆる「中長期在留者以外の在留者」となり（Q75参照）、従前の在留カードは失効しますし、マイナンバーカードの有効期限も前述のように終了します。当該外国人はマイナンバーカードを返納しなければならなくなります（政令155号15条2項）。

なお、通知カードについては、有効期限がありませんが、返納の義務があ

ることはマイナンバーカードと同様です（以下**3**においても同じ）。

3 帰国する場合のマイナンバー

　マイナンバーが付されている外国人の方が帰国する場合には、まずは住民登録をしている市区町村へ、国外への転出届を行わなければなりません（住民基本台帳法24条）。そして、マイナンバーカード（または通知カード）は、その交付されている外国人が国外に転出したときに効力を失いますので、当該マイナンバーカード（または通知カード）を住所地の市区町村に返納しなければならないことになります。

4 再入国の際は、同じマイナンバーが付される

　外国人の場合も、生涯マイナンバーが変わらない取扱いになります。

　3によりマイナンバーカード（または通知カード）を返納した外国人には、返納を受けた旨が記載されたマイナンバーカード（または通知カード）が還付されます。

　再入国の際、このカードを提示することで、同じマイナンバーが付されることとなります。

被災者とマイナンバー

Q78

被災して住民票の住所地に住んでいない場合、マイナンバー関連の手続は必要ですか？

A

　災害が起こったとき、マイナンバーを使用し被災者台帳を作成し、それに基づいて被災者生活再建支援金を支給すること等に利用されます。そのため、日頃から実際に居住している場所に住民票を置くことが望ましいでしょう。なお、災害時に通知カードを紛失した場合、市区町村においてマイナンバーを確認することができます。

解説

1 ▶ 住民票上の住所地と実際の居住地が違う理由

　災害により避難された人のなかには、避難生活がこんなに長く続くとは思っていなかった等様々な理由により避難先に住民票を移さず、住民票上の住所地と異なる場所に居住しているという人もたくさんいます。

　また、市区町村役場自体が他市区町村へ避難しているという場合もあります。つまり、自治体の機能自体が離れた場所にあるわけです。このような状況で、さらに被災者本人はまた別の市区町村へ避難しているときは、役所が遠いので、住民票を移す手続自体が負担になってしまうということも多いはずです。

　マイナンバーは、社会保障・税・災害対策（ **2** で説明します）という重要な場面で利用されることとなります。住民登録がなされている市区町村に問

い合わせて通知カードの受領やマイナンバーの再確認（例えば災害の際は通知カードを紛失等した場合）するようにしましょう。

2▶マイナンバーは災害対策にも利用される

　マイナンバー制度は、税、社会保障、災害対策の三つの分野で利用されることになります。例えば災害が起こったとき、マイナンバーを使用し被災者台帳を作成し、それに基づいて被災者生活再建支援金を支給すること等に利用されます。そのため、日頃から実際に居住している場所に住民票を置くことが望ましいことはいうまでもありません。

　今後、大災害が発生したとき、行政が住民の情報を正確に把握し、適切な行政サービスや情報を提供することができるようにするためにも、住民票はいつも実際の居住地に移しておくことが大切です。

母子および父子ならびに
寡婦福祉法とマイナンバー

Q79

母子（父子）家庭の子どもや寡婦（寡夫^か）を雇用する場合、マイナンバー関連の手続において通常と異なる取扱いはありますか？

A

　採用した従業員が母子（父子）家庭の子どもまたは親であるという場合であっても、原則として事業主に通常と異なる手続が求められることはありません。

解説

　母子（父子）家庭の子どもや親を採用した場合であっても、原則として、事業主がその他の一般従業員と異なる手続をする必要はありません。

1 母子（父子）家庭の親が自身で行うこととなる
　マイナンバー関連手続

　原則として事業主が行う特別の手続はありませんが、従業員となる母子（父子）家庭の親が自ら行う可能性のある手続に以下のようなものがあります。これらの手続は、従業員本人が行うものですので、事業主がその手続に介入することはできません。母子（父子）家庭の親である従業員が手当等を知らないようであれば教えてあげることは差し支えありませんが、これらに関して過度な介入をすればプライバシーの侵害にあたりますし、パワーハラスメントにも該当しかねませんので十分注意したいところです。

手　当　名	記入する書類名
児童手当 児童扶養手当	認定請求書等
母子および父子福祉資金	貸付申請書等
ひとり親家庭自立支援給付金	申請書

※いずれも窓口は、市区町村

2 事業主が行う可能性のある母子（父子）家庭の親を従業員とした場合のマイナンバー関連手続

　母子（父子）家庭の親をハローワーク等の紹介を通じて採用した事業主には、一定の要件を満たすことにより国から助成金が支給されます。これを「特定就職困難者雇用開発助成金」といいます。この助成金を受けるための申請書には、採用した母子（父子）家庭の親である従業員のマイナンバーを記入する必要があります。

　特定就職困難者雇用開発助成金に限らず、事業主に支給される助成金は、雇用保険の事業の一環として行われているものであり、対象従業員のマイナンバーを記載する必要が出てきます。申請手続を行う際に、従業員のマイナンバーが漏えいしないよう、必要な安全管理措置を十分に講じておくことが求められます。

Q80

今後生まれる子どものマイナンバーは、どのように付されるのですか？ また、その子どものマイナンバーはどのように取り扱えばよいですか？

A

生まれたばかりの子どもについて出生届を提出すると、原則としては即日マイナンバーが付されます。付番後には通知カードが郵送される等、通常の取扱いと同様になりますが、マイナンバーカードについては対応が異なりますので市区町村に確認が必要です。

解説

生まれたばかりの子どもに対するマイナンバーの付番は、出生届を提出すると、原則としては即日なされます。つまり、出生届を提出した日にマイナンバー付の住民票を取得すれば、その子どものマイナンバーをすぐに知ることができるということになります。

付番後には通知カードが郵送される等、マイナンバーの取扱いについては番号法施行時にマイナンバーが付された人々と同様になります。ただし、マイナンバーカードの申請にあたっては、マイナンバーカードの受取りに本人も同行する場合と、同行せず親等のみが受取りに行く場合では必要書類が異なる等、取扱いが異なりますので、住民登録されている市区町村に確認が必要です。

現時点では、子ども自身がマイナンバーを必要とする機会は少ないですが、

扶養控除等申告書にも児童扶養手当の手続の際の申請書にもマイナンバーの記入が求められます。

　また、今後のマイナンバーと医療等との連携の可能性を考えると、法定代理人である親等がマイナンバーを適切に管理することが望ましいでしょう。子どものマイナンバーが関連する諸手続は市区町村によって異なる可能性もあるので確認してみるとよいでしょう。

生活保護とマイナンバー

Q81

生活保護受給者を雇用する場合、マイナンバー関連の手続において異なる取扱いはありますか？

A

　異なる取扱いはありません。事業主は、従業員を採用する際に生活保護を受給しているか否かを確認する必要もありません。むしろ、プライバシーの侵害となるおそれがありますので、業務上明確に必要な事情がないならば、そのことを殊更に尋ねることは避けるべきでしょう。

解説

1 生活保護とは

　生活保護制度は、生活に困窮する人に対し、その困窮の程度に応じて必要な扶助を行い、健康で文化的な最低限度の生活を保障するとともに、自立を助長することを目的としています。

　扶助の種類は以下のとおり、全部で八つあります。

① 生活扶助
② 住宅扶助
③ 教育扶助
④ 医療扶助
⑤ 介護扶助
⑥ 出産扶助
⑦ 生業扶助

⑧　葬祭扶助

※　通常は、生活扶助が基本となり必要に応じて他の扶助が支給されますが、医療扶助のみとする等
の単給の場合もあります。

2　生活保護受給者を採用する場合

受給者は、採用された時点で生活保護受給中であることを申し出る必要はありませんので、事業主は、従業員が生活保護受給中と知っているとは限りません。

仮に受給中であると知っても、他の従業員と異なる取扱いはありませんから、必要に応じてマイナンバーを収集し、手続を行います。マイナンバーの取得が必要となる場合については Q13 をご参照ください。

なお、医療扶助を受けている場合であっても、会社で加入することとなる健康保険（組合けんぽ、協会けんぽ等）が優先するので、社会保険の手続も他の従業員と異なることはありません。

3　受給者本人の手続

一方、生活保護受給中である本人は、市区町村の福祉事務所へ就労による収入の申告をしなければなりません。就労によって基準を超える収入がありそれが継続される見込みがある等の事情があれば、原則として生活保護は廃止になるからです。また、基準には満たない場合でも、生活保護費が減額される等の変更が行われることとなります。

これらは、生活保護受給者が福祉事務所に対して行うものですから、このことを事業主が把握する必要や、手続を代理で行う義務はありません。

成年後見制度と
マイナンバー

Q82

成年被後見人がマイナンバーを使うのは、どんなときですか？　また、被後見人に関するマイナンバーの手続は、誰がどのように行うことになりますか？

A

　成年被後見人は、年金受給や確定申告等の請求の際にマイナンバーを使うことになります。この年金受給手続等を代理権により行使する場合は、成年後見人が被後見人のマイナンバーを把握し手続を行います。また成年被後見人本人は、実際のところ自分でマイナンバーを管理（保管）することはできないと思われるため、成年後見人が成年被後見人にかわって管理する必要がある場合も多いでしょう。

解説

1 マイナンバーを扱うのは後見人

　認知症高齢者等、契約当事者としての能力が欠如していることから法律行為が単独では遂行できない人を保護し支援するために設けられているのが成年後見制度です。

　保護される人を成年被後見人、支援する人を成年後見人と呼びます。

　成年被後見人であっても、日常生活上様々な契約や申込や請求等を行います。マイナンバーに関する手続についても、成年被後見人であるからといって特段異なることはありません。ただし、介護保険の給付を受けるための要

介護認定書類、被災者災害生活支援金にマイナンバーが記入される等、後見人によりマイナンバーが取り扱われることとなるというのが大きな特徴です。

　例えば、確定申告です。その年の公的年金収入が400万円以下かつ公的年金等以外の所得金額が20万円以下であれば確定申告は不要です。しかし、株式や投資信託等を保有している等確定申告が必要な場合があります。確定申告書にはマイナンバーの記載欄があります。

　あるいは、年金の裁定請求や各種医療サービスにもマイナンバーが必要とされる可能性があります。

　なお、日本年金機構では、当分の間、マイナンバーの取扱いはできませんので、年金の裁定請求等に必要な住民票を提出する場合には、マイナンバーの記載のない住民票を提出することになるので注意が必要です。

2 マイナンバーの受取り

　成年被後見人が家族と同居している場合においては、家族が成年被後見人について、通知カードを受け取ったことと思います。受け取ったマイナンバーは、成年後見人が家族と連携して管理し、成年被後見人に不利益が生じないように注意する必要があります。

　なお、例えば病院に入院していた等の事情により、通知カードを受け取ることができなかった場合には、各市区町村の窓口である市民課へ相談してみてください。

Q83

成年被後見人と被保佐人、被補助人の場合、マイナンバーの取扱いで違いはありますか？

A

マイナンバーカードの交付申請において、取扱いに差があると考えられます。

成年被後見人に関しては後見人が本人にかわって申請を行うことができますが、保佐人、補助人は単独の意思で申請することができません。また、マイナンバーに関する手続を後見人等がすべて行えるか否かに関しては、疑義が残ります。

なお、すべての類型の方についてマイナンバーカードの取得は可能です。

解説

1▶ 成年後見制度の仕組み

成年後見制度には、大きく分けて二つのものがあります。

(1) 法定後見制度（すでに判断能力が不十分な人が対象）

補助	精神上の障がいにより事理弁識能力が不十分
保佐	精神上の障がいにより事理弁識能力が著しく不十分
後見	精神上の障がいにより事理弁識能力を欠く

補助に関する代理権の付与に関しては、申立ての範囲内で家庭裁判所が定

める「特定の法律行為」に限定されます。

　マイナンバーに関する手続が「特定の法律行為」に該当するか否かは、はっきりとした判断基準が示されていません。また、代理権の付与には、補助および保佐に関しては、本人の同意が必要です。マイナンバーに関する手続等について、保佐人または補助人が代理または代行する権限を有するのか、慎重に検討したうえで進めるようにしましょう。マイナンバーを取り扱うことになった場合は適切に管理しましょう。

（2）　任意後見制度

　任意後見制度とは、本人が契約に必要な判断能力を有しているうちにあらかじめ信頼できる人と任意後見契約をしておき、任意後見人の仕事をその人（任意後見監督人）にチェックしてもらうという制度です。

　この制度を利用する場合、公証人役場で公正証書により契約を締結しますが、契約形態は以下の三つに分かれます。

移行型	成年後見監督人の選任までは委任契約に基づく委任契約
即効型	契約時には本人の契約能力はあるが即監督人が選任、後見開始
将来型	将来本人の能力が低下したときに監督人を選任

2 法定代理人か否かによる違い

　成年後見人は成年被後見人の法定代理人であるので、必要な法律行為を成年被後見人にかわって行うことができます。しかし、保佐人、補助人は、同意権（本人がある行為を行う際に、その内容が本人に不利益でないか検討して、同意する権限）と取消権（契約を取り消す権限。例えば通販で高額な機器を購入してしまったものを取り消す等）は認められていますが、法定代理人ではありません。

　そのため、被保佐人、被補助人に対しては、本人がマイナンバーカードの

取得を希望する場合であり、かつ本人のために必要と判断される場合に初めてそれぞれ保佐人および補助人が、本人のサポートをしてマイナンバーカードの交付申請をすることができるにとどまります。

　また、移行型の任意後見契約における受任者（任意後見開始前の委任契約中のケース）においては、付与された代理権の範囲次第となりますので、代理権目録の内容を確認のうえ、行うことができるか否かを判断することになります。

コラム　任意後見制度の契約形態

① 移行型

　現在は本人の判断能力は低下しておらず財産管理も本人が行えますが、日常生活を送るうえで身体的に不自由な状態もあり支援が必要な場合もあります。このような場合、現段階で「任意後見受任者」となり、判断能力が低下し、成年後見監督人が選任された時点から「任意後見人」となることができます。

　任意代理の委任契約と任意後見契約を同時に締結し、判断能力が低下した際に備えることができます。死後事務に関しても、本人の意向により同時に締結するのが一般的です。

移行型任意後見イメージ

	任意後見監督人選任 ▼	本人死亡 ▼
判断能力あり	判断能力低下	本人死亡により契約終了
委任事務	任意後見開始	死後事務契約あれば死後事務を行う
受任者	任意後見人	

② 即効型

　契約締結時には、本人の判断能力はあることが条件です。しかし、すぐに任意後見監督人を選任する必要がある場合の契約形態です。

　任意後見契約を発効させるということは、本人の判断能力がないとみなされるにも関わらず、契約締結時には本人が判断能力を有することになり矛盾があるといわれています。

　しかし、軽度の認知症や知的障がい、精神障がい等の状態にある者でも、契約締結時点において意思能力を有する限り、任意後見契約を締結することが可能とされています。

③ 将来型

　契約締結時には本人に判断能力があり、財産管理も自分で行うことができます。将来、判断能力がなくなり支援が必要となった場合に備え、任意後見契約のみを締結します。任意後見監督人が選任されてから、はじめて支援を受けることになります。実際に判断能力が低下した時期の把握ができずに、放置される危険性もあり、特に独居の場合にはその危険性が高まるといわれています。

Q84

成年被後見人、被保佐人または被補助人を雇用する場合、マイナンバー取扱いにあたっての、本人確認はどのように行うのですか？

A

本人確認の方法は、通常の方法と異なることはありません。マイナンバーカードを取得していれば写真付のマイナンバーカードにより番号の確認と身元の確認ができます。

マイナンバーカードを取得していない場合には、通知カードまたはマイナンバーが記載された住民票の写しと運転免許証や運転履歴証明書、またはパスポート等で行う必要があります。ただし、成年被後見人等はそれらの証明書を持っていない場合も想定されるので、マイナンバーカードの交付を受けておくと重宝しそうです。

解説

1 成年被後見人、被保佐人または被補助人が雇用される場合

成年被後見人被保佐人または被補助人となっても雇用されることがあります。採用されたときにはマイナンバーが必要となるケースも出てくるでしょう。Q13、Q68も合わせてご参照ください。

一般的には本人確認の証明として有効な、運転免許証、パスポート、健康保険証や年金手帳等、二つ以上の公的機関発行の証明書をもって本人確認とされることがありますが、成年被後見人等である場合それらの証明書を持ち合わせていないことも想定されます。

成年後見人は、その都度、管轄の裁判所に相談・確認をしながら成年被後見人等の権利の保護を図る必要があるでしょう。

2 成年被後見人等が雇用されない場合

公務員等の採用に関しては、採用時に被後見人等として「登記されていな

いことの証明」を求める場合があります。民間事業者によっては就業規則において、被後見人等に該当した場合を解雇事由に明記している場合もあります。

　なお、弁護士、司法書士、社労士、医師等も成年被後見人または被保佐人となった場合は、それぞれの法律において欠格事由に該当し資格を失うことになります。

　このように成年被後見人等が雇用されない場合は、就業先からマイナンバーを求められるということはありません。

犯罪者とマイナンバー

Q85

服役中、拘留中であってもマイナンバーは付されますか？　あるいは、服役することとなった場合、マイナンバーに関する手続は何か必要ですか？

A

　服役中・拘留中でもマイナンバーは付されますが、通知カードの受取りがスムーズにいかないことが想定されます。

　また、服役することとなった際のマイナンバー法上の手続に関しては現時点では特段定められていません。

解説

1 通知カードの受取り

　服役中や拘留中であっても、マイナンバーは全国民に付されます。一定期日に通知カードを受け取れない場合は、家族や法定代理人による代理取得、もしくは服役後に各市区町村で取得することになります（廃棄されていた場合は、再発行）。

2 マイナンバーの受取り

　服役中や拘留中の場合であっても、番号法施行時に住民登録された住所地において同居の家族がいる場合には、家族が通知カードを受け取っているケースが多いでしょう。

　通知カードを受け取ることができずに3か月が過ぎると通知カードは廃棄されます。その後は、市区町村にて再発行手続をとることになります。なお、再発行の手続を行わなくても、マイナンバーの記載のある住民票の写しを申請することでも自身のマイナンバーを知ることが可能です。

　さて、マイナンバーに限ったことではありませんが、服役中に様々な手続ができなかった際は、服役後に「在監証明」の交付を受け、服役中に滞っていた行政手続をすることができます。例えば、服役中に運転免許証が失効した場合等が考えられます。

　もし、服役中に、住民登録が職権により消除された場合は、服役後に、新たな住所地の市区町村の役所において転入の手続をし、マイナンバーの付番を受けることになります。

3 ▶ 服役・拘留中に通知カードを受け取る方法

　家族や弁護士が代理人となって通知カードを受領することも考えられます。あるいは、通知カード送付の住所地をあらかじめ刑務所に移しておくことも可能です。なお、代理取得する際等の手続は、市区町村によって多少違いがあるために、委任状等必要書類の確認や本人の通知カードが役所に保管されているか等を確認して進めていきましょう。

4 ▶ 服役する際のマイナンバーの取扱い

　服役するにあたって、刑務所にマイナンバーの提示が求められたり、服役前に住んでいた居住地や住民票の住所地の市役所等に提示が求められたりといったことは現在定められていませんが、今後の番号法の改正には注意が必要です。

コラム　服役・拘留とは

(1)　服役とは

「服役」とは、判決後に刑罰に服することとなったため刑務所等に収監されている状態です。この状態にある人を「受刑者」といいます。受刑者には、懲役刑を科せられている人と禁錮刑を科せられている人がいます。

刑法では、懲役は有期懲役と無期懲役に分類され、有期懲役は原則として１か月以上20年以下の期間が指定されています（刑法12条１項）。懲役刑は、１日約８時間の労務作業が強制され、作業報奨金が支払われます。

法務省によれば、作業収入は、国が民間事業者等と作業契約を結び、受刑者の労務を提供して行った刑務作業に係る収入はすべて国庫に帰属するとし、平成22年度の刑務所作業収入は、約47億円となっています。

また、その際に懲役刑受刑者に支払われる作業報奨金の一人１か月あたりの平均計算額は、約4,700円となっています。

一方禁錮刑は、労務作業が課せられていません。しかし、申し出ることによって労務作業を許される請願作業というものがあります。禁固刑受刑者の約８割が、この請願作業を申し出ています。

(2)　拘留とは

「拘留」とは、懲役刑が１か月以上の間身柄拘束をする刑罰であるのに対して、１日以上30日未満（最長29日）の間身柄拘束し、定役を強制しない刑罰です（刑法16条）。そのため、判決で拘留刑が言い渡された後、確定してから拘留されることになります。

一方、同音で「勾留」というものがあります。こちらは、裁判で判決が出て確定するまでの間、被疑者もしくは被告人が逃亡したり、証拠隠滅をしたりしないように拘束しておくことをいいます。判決が出る前に行われる身柄拘束であるという違いがあります。

不動産とマイナンバー

Q86

不動産の売買や賃貸に関して、マイナンバーを取り扱うことはありますか？

A

　不動産の売買や賃貸の場合、不動産等の譲受けの対価、不動産等の売買または貸付のあっせん手数料等の際にマイナンバーを取り扱います。

解説

　不動産の売買や賃貸をする場合、不動産等の譲受けの対価と不動産の使用料等の支払調書にマイナンバーが関係します。

1 ▶ 売買や賃貸時の取扱いについて

（1）　売買の場合

　個人から法人に不動産が譲渡され、その金額が100万円を超える場合、法人は「不動産等の譲受けの対価の支払調書」を作成します。そして、お金を支払った者の氏名とマイナンバーを記載する必要があり、個人は売却先の法人にその情報を提供する必要があります。

（2）　賃貸の場合

　年額15万円以上の家賃や地代を法人が支払う場合は「不動産の使用料等の支払調書」の作成および税務署への提出が必要になり、地主や家主が個人の場合は当該支払調書にマイナンバーの記入が必要になります。個人の地主や家主は、借主の法人にマイナンバーを提供する必要があります。

不動産の使用料等の支払調書

つまり、平成28年分以降の支払調書からは、不動産オーナー等から支払を受ける者（主としてあっせんをした者）のマイナンバー（個人の場合）または法人番号（法人の場合）を記載のうえ提出する必要があります。

2 売買や賃貸時の取扱いの注意点

(1) マイナンバーを取得するタイミング

支払を受ける者やあっせんをした個人のマイナンバーをどのタイミングで取得するかについては、原則、契約の締結時がよいでしょう。

ただし、年額15万円に達しない賃料の場合は、マイナンバーを取得する

必要はありません。

（2）　継続的な取引の場合

　土地や建物等、継続的な賃貸借契約の場合は、初回に取得したマイナンバーを保管しておき、２回目以降の支払調書の作成時に利用できます。

（3）　不必要なマイナンバー提供に注意

　年額15万円に達しない賃料であるにも関わらず「賃貸借契約の本人確認のために必要」「新しく売り出すマンション情報を、いち早く教えるために必要」等としてマイナンバーを訊かれたとしても提供する必要はありません。このような営業電話等にも、注意が必要です。

Q87

住宅ローンを組む際にマイナンバーを用いれば手続が簡略になりますか？

A

　現時点ではマイナンバーが関係することはほぼありませんが、平成31年以降番号法が改正され民間での利用が解禁されれば、住宅ローンを組もうとする個人の資産とマイナンバーの紐付けがなされ、手続が簡略になる可能性があります。

解説

　現時点で、住宅ローンを組む際に金融機関がマイナンバーを収集し利用することは禁じられています。ただし、今後、民間利用がなされる可能性があるので注意が必要です。

1 住宅ローン借入時の審査への影響

　現時点ではマイナンバー制度の導入は、住宅ローン借入時の審査を含む住宅ローン関係の手続への影響はありません。それは、マイナンバーを含む特定個人情報は、社会保障・税・災害対策といった行政手続における利用に限定され、それ以外の目的で利用することができないと番号法で定められているためです。

　そのため、民間事業者である銀行やクレジット会社、ローン保証会社等がマイナンバーを使用し、ビジネスで利用するといった行為は禁じられています。

　つまり、住宅ローンの審査のための利用は番号法が認めた目的外利用に該当するため、個人口座とマイナンバーを紐付けし借金情報を取得した銀行等（いわゆる預貯金口座がマイナンバーの付番がスタートすれば個人の口座保有者の預貯金情報を取得することができるようになります）が、それを理由に住宅ローンの審査を落とすということはないといえます。

　ただし、これはあくまで現状の話で、平成31年以降には民間での取引利用が拡大され、使用される可能性があります。

2 住宅ローン申請時の手間が軽減

　将来的にマイナンバーの紐付けによって、法定調書の名寄せや各種申告書との突合せがより正確かつ効率的に行えるようになるため、資産や所得の把

握について正確性が向上するといわれています。

　そのため、マイナンバーの民間利用がスタートすれば、こういった情報を使って仮審査申込み時の源泉徴収票等の書類集めの手間の軽減や、住宅ローン控除等の申告手続における住民票添付の省略等、住宅購入に対する控除申告の手間が軽減されることが想定されています。さらに、住宅ローンの審査スピードは、今より格段に早くなることが想定されます。

住宅ローン申請時の必要書類の一例

書 類 名	内　　容	入 手 先
住民票の写し	発行後 1 か月以内の原本（家族全員の記載があり、本籍地の記載がないもの）	お住まいの市区町村役場
本人確認の書類	運転免許証・パスポート・住民基本台帳カード・在留カードまたは特別永住者証明書のいずれか	本人
各種健康保険証	有効期限内で現住所が記入されているもの	勤務先等
給与所得のある者		
源泉徴収票【前年分】	原本を提出（収入を合算する予定の連帯保証予定者となる方がいる場合は、その者の分も必要）	勤務先
課税証明書または住民税課税決定通知書【最新分】		1 月 1 日 現 在、お住まいの市区町村役場

個人事業主および所得税の確定申告者 給与所得がある者は、原則、上記「給与所得のある者」の書類も必要		
所得税の確定申告書および付属明細書【直近3年分】	申込時の直近3期分 事業税の納税証明書は事業税納税通知書および口座振替履歴が記載された通帳等の原本でも可能	1月1日現在、お住まいの地区を管轄する税務署で発行または受付したもの
所得税の納税証明書（その1、その2）【直近3年分】		
個人事業税の納税証明書【直近3年分】		管轄する各都道府県税事務所
同族会社の役員および親族が経営者である同族会社の従業員の者 ※上記「給与所得のある者」の書類直近3年分とともに下記の書類が必要		
法人税の確定申告書（決算報告書および勘定科目明細書を含む）【直近3年分】	いずれも申込み時の直近3期分 事業税の納税証明書は事業税納税通知書および口座振替履歴が記載された通帳等の原本でも可能	1月1日現在お住まいの地区を管轄する税務署で発行または受付したもの
法人税の納税証明書（その1、その2）【直近3年分】		
法人事業税の納税証明書【直近3年分】		管轄する各都道府県税事務所

3 住宅ローン申請時における注意点

平成28年分以降の源泉徴収票は所得税法施行規則93条に基づき、本人お

よび扶養親族のマイナンバーを記載し、マイナンバーを表示した状態で本人に交付されます。また、確定申告書にもマイナンバーが記載されます。

　現時点では民間である金融機関はマイナンバーを取り扱ってはならないため、住宅ローンの申請時に源泉徴収票や確定申告書を受領する場合は、個人情報保護の観点からもマイナンバー部分をマスキングする等、取扱いには十分注意をしなければならないとされています。住宅ローンの申請をする側もマイナンバーを提供することのないよう十分注意しましょう。

（国税庁「法定調書に関する FAQ」）

Q88

住宅ローンの完済で抵当権を抹消する際、マイナンバーは関係しますか？

A

　住宅ローン等の完済により、土地や建物等の担保から抵当権設定の登記を抹消する場合は、法人番号が関係します（個人に付されるマイナンバーは関係しません）。

解説

　銀行等の金融機関から借りた住宅ローンを完済すると、抵当権抹消書類一式が送付されてきます。抵当権設定の登記を抹消するためには、これら書類

に必要事項を記載のうえ、不動産を管轄する法務局に抵当権抹消の登記申請をする必要があります。この登記申請には、司法書士に依頼する方法と自身で申請する方法があります。

1 登記申請に必要な書類

　登記申請時に必要な添付書類には、①抵当権者（銀行等）の登記識別情報または登記済証、②登記原因証明情報（弁済証書、解除証書等）、③銀行等の資格証明情報（登記事項証明書等）、④代理権限証書（銀行等が抵当権抹消登記手続を委任するための委任状）等があります。

2 銀行等の資格証明情報の添付について

　マイナンバー制度の導入に伴い、法務局に登記されている法人には、法人番号が指定され、法人登記簿に法人番号が記録されるようになりました。

　そのため、申請人が法人番号を有する法人であるときは、登記申請書に法人番号を記載することで、法人の資格証明情報（登記事項証明書等）の添付が不要になり、申請人の負担が軽減されます。

　つまり、抵当権抹消の登記申請をする場合、登記申請書に銀行等の法人番号を記載すれば、銀行等の資格証明情報（登記事項証明書等）の添付が不要になります。

3 登記申請（抵当権抹消）時における注意点

（1）　住所変更等の登記

　土地や建物の所有者の住所や氏名が変わった際に、変更登記を済ませていない場合は、抵当権抹消の登記申請をする前に、住所や氏名の変更登記をする必要があります。

(2)　金融機関の合併再編

　金融機関の合併等により、当時と名称が変わっている場合は、抵当権移転登記が必要な場合があります。

(3)　相続登記

　本人が死亡しているにも関わらず相続人への名義変更（相続登記）を済ませていない場合は、抵当権抹消の登記申請をする前に相続登記をする必要があります。

Q89

不動産取得税や固定資産税とマイナンバーは関係しますか？

A

　不動産取得税や固定資産税は、申告する際等に、マイナンバーや法人番号が必要になります。

解説

　不動産に関しては、不動産取得税、固定資産税の他にも、都市計画税、登録免許税、印紙税、相続税・贈与税、所得税・住民税、法人税等、関連する税目が多くあります。

　このように不動産と税が密接な関係にあるということは、当然ながら不動

産とマイナンバーも関係があるといえます。

1 不動産取得税との関係

(1) 不動産取得税とは

不動産取得税とは、不動産を売買、交換、贈与、新築、増築、改築等によって取得した場合に、その取得者が1度だけ納める税金をいいます。この不動産の取得とは、不動産の所有権を取得した場合をいい、登記の有無、有償・無償、取得の理由は問いません。

そのため、土地や家屋の所有権移転登記を省略した場合や建築した家屋を登記していない場合にも、課税対象になります。ただし、相続した場合（個人の場合）や会社が合併で取得した場合（法人の場合）には発生しません。

(2) 不動産取得税の注意点

不動産取得税は、固定資産税等と異なり申告が必要となります。不動産を取得すると都道府県から土地・家屋申告書や減額・還付申請書等の書類が送付されてくるので、これらの書類にマイナンバーの記載が必要です。記載によって、住宅や住宅用土地についての軽減措置を受けられる場合があります。

2 固定資産税との関係

平成28年度以後の課税分から固定資産税の償却資産申告時に、申請者の住所、氏名の記載と併せて、マイナンバーまたは法人番号の記載が必要です。

(1) 固定資産税とは

1月1日時点で固定資産（土地や家屋）、償却資産を所有する者が、市区町村または東京都（東京23区の場合）に支払う税金をいいます。

(2) 償却資産とは

個人および法人で事業の用に供することができる資産をいい、毎年1月1日時点で、所有する土地および家屋以外の資産のことをいいます。

固定資産と償却資産のイメージ図

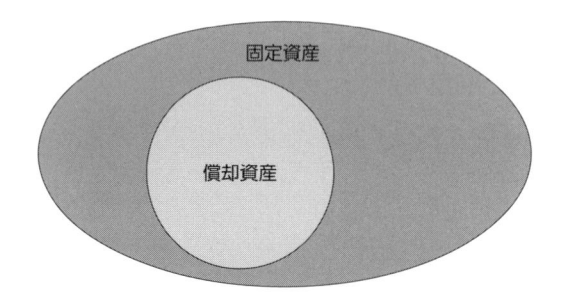

　つまり、土地および家屋の固定資産税は事業をしていないサラリーマンでも支払う必要がありますが、償却資産の固定資産税は事業を営んでいる個人と法人が支払う税金のことです。

　そのため、事業を営む法人または個人は平成28年分以後の償却資産申告書に法人番号またはマイナンバーを記載することになるわけです。

　今後、マイナンバー制度の固定資産や不動産分野への利用拡大については、税の分野で固定資産を把握するために検討が重ねられていますが、不動産登記の実態をよくふまえたうえで、より実務的な検討をすることが必要といわれています。

自動車とマイナンバー

Q90

新車に買い替える際にマイナンバーは必要になりますか？

A

　現時点で自動車を購入する際にマイナンバーが利用されることはありません。今後、自動車取得税、軽自動車税等の自動車関係諸税や、新しい自動車への買替え時等に必要となる、検査登録、自動車保管場所証明、自動車諸税等の煩雑かつ手間のかかる、自動車の登録等に係る事務について、マイナンバーとＯＳＳ（自動車保有関係手続のワンストップサービス）との連携により、行政手続の簡素化や自動車の保有状況の管理が、国土交通省や地方自治体によって検討されています。なお、自動車取得税については、消費税を10%に引き上げる際に廃止されることが決定していましたが、消費税の引上げ再延期により、廃止が先送りされる見通しです。なお廃止のときには環境性能割税という新しい税の導入が決定しています。

解説

1 新車新規登録（購入）時との関係

　現在、買替え等で新規自動車を取得すると、陸運支局で検査登録申請・自動車重量税を納付し、警察署で車庫証明を申請し、県税事務所で自動車取得税・自動車税の納付をするために本人もしくはディーラー等の代理人が行う必要がある等、煩雑かつ手間がかかる行政手続があります。

(1)　ＯＳＳ（自動車保有関係手続のワンストップサービス）

　この自動車に関する、検査登録や保管場所証明、自動車諸税の納税手続を24時間365日、オンラインで一度にできる、ＯＳＳというサービスがあります。このＯＳＳは、平成17年から始まり、平成27年現在、全国11都府県で稼働し、稼働地域の約6割に利用されています。

　今後については、「独立行政法人改革等に関する基本的な方針」に基づき、平成29年度までにすべての都道府県にＯＳＳを拡大すると国土交通省が発表をしています。

　このＯＳＳとマイナンバーを紐付けることで、自動車関係の利用環境の向上を図ることが検討されています。具体的には、ＯＳＳでマイナンバーカード（本人確認機能）を利用しての申請ができるようになる可能性があります。

ＯＳＳ（自動車保有オンラインワンストップサービス）

【窓口で行う手続】

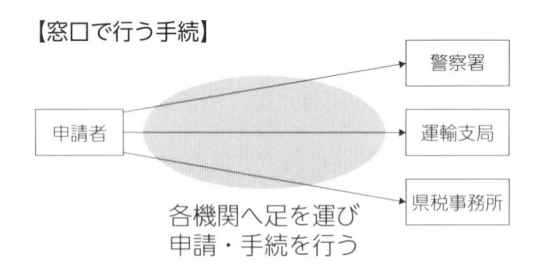

各機関へ足を運び
申請・手続を行う

【OSSを利用した手続】

（2）　マイナンバーカードとＯＳＳ利用の可能性

　平成31年以降、ＯＳＳシステムと自治体との連携によって、所有者や使用者が引越し等で住所が変わる際に、市区町村の窓口に転入届を提出すれば、マイナンバーを利用して、車検証等の自動車保有に関わる必要書類の書き換えや住民票の提出を省略できること、また自動車の保有状況をマイナンバーで管理すること等が、国土交通省や地方自治体で検討されています。

　これら背景には、マイナンバー制度の利用範囲の拡大と自動車取得税や自動車税等の地方税の徴収漏れを防ぐねらいがあるとされています。

マイナンバーとＯＳＳ「今後の取組の方向」

平成28年度	・ＯＳＳシステム更改 ・マイナンバーカードを利用したＯＳＳの手続開始（予定）
平成29年度	全都道府県でのＯＳＳ稼働 ＯＳＳ対象手続範囲拡大、利用促進
平成30年度	・軽自動車ＯＳＳ導入（早ければ平成31年より）
平成31年度	・番号法施行３年後を目処としたマイナンバー利用範囲拡大 →自動車関連手続にも利用が検討される見込み

2 ▶ 自動車関係諸税とは

自動車取得税	売買等で自動車を取得した取得者に対して課税される税金 税率：新車と中古車購入で異なる（中古車でも新しい年式の場合と経過年数が経っている場合で異なる） 自動車取得税の課税対象車両には、自動車と軽自動車が含まれる　　※消費税率10％引上げ時に廃止が決定している
自動車税	毎年4月1日午前0時時点での自動車の所有者もしくは使用者、売買等で自動車を取得した取得者に対して、課税される税金 税額：車種や排気量で異なり、一部の低公害車（電気自動車やハイブリッドカー等）には税額の軽減処置がとられている
自動車重量税	自動車の区分や重量に応じて、課税される税金 税額：自動車（自家用乗用）は、車両重量0.5トンごとに課税される税額が増加
軽自動車税	毎年4月1日現在の原動機付自転車、軽自動車等の所有者が、5月1日から同月末日までに支払う税金 税率：種類別に1台当りの年税額で決められている（自動車税と異なり、税額の月割りはない）
エコカー減税	国土交通省が定める排出ガスと燃費の基準値をクリアした環境性能に優れた車に対する税金の優遇措置 自動車取得税、自動車税、自動車重量税が対象
環境性能割税	自動車の取得時に燃費性能に応じた税負担をする税金 税率：燃費性能がよい車は税率が軽く、燃費性能が悪い車は税率が重くなる

平成28年度課税分から軽自動車税の減免に関する申告時に、申請者の住所、氏名の記載と併せて、マイナンバーまたは法人番号の記載が必要です。

（国土交通省平成26年6月付「自動車関連情報の利活用に関する将来ビジョン検討会　中間とりまとめ（概要）」（http : //www.mlit.go.jp/common/001046924.pdf））

コラム　中古車情報とマイナンバー

　中古車の購入時にアメリカやイギリスで運用されている中古車についての開示された情報（有料）や、自動車保険の加入時に実際の走行距離や運転特性（急ブレーキ・発信数等）の内容に基づいて、保険料の割引を算出する等にも拡充する可能性があります。

　現在でも、中古車情報については、陸運局に行き料金を支払えば、過去の所有者情報を閲覧できますが、マイナンバーとの連携でどこまでの情報が閲覧可能になるのか、注目されています。

様式1　利用目的の通知を兼ねた従業員等の説明書類

平成○年○月○日

従業員の皆様へ

マイナンバーの提示のお願い

社会福祉法人○○会総務部

　平成28年1月から始まったマイナンバー制度では、雇用保険や所得税の手続きのために当法人でもマイナンバーを使用します。つきましては、下記のとおり、従業員の皆様と皆様の扶養家族のマイナンバーを当法人へお知らせください。合わせて、この内容を扶養家族にもお知らせください。

（1）当法人でのマイナンバーの利用目的
　当法人では、法令に基づき次の事務を行うためにマイナンバーを利用します。
●雇用保険・健康保険・厚生年金保険・国民年金の届出事務
●給与所得・退職所得の源泉徴収事務

（2）当法人への提出書類（マイナンバーの提示）
　番号確認の書類（①）に身元確認の書類（②）のコピーを添付して、下記の提出先へ提出してください。扶養親族がいる場合は、扶養親族の分も提出してください。

①番号確認の書類
　次のいずれか1点
　　通知カード、マイナンバー記載の住民票の写し・住民票記載事項証明書

②身元確認の書類（下記が用意できない場合は、総務部へお問い合わせください。）

②―1：1点でよいもの

運転免許証、運転経歴証明書、パスポート、身体障害者手帳、精神障害者
保健福祉手帳、療育手帳、在留カード、特別永住者証明書

②―2：2点必要なもの

健康保険証、年金手帳、児童扶養手当証書、特別児童扶養手当証書

（3）提出方法・提出先

封筒に所属・氏名を記載し、封入して〇月〇日までに提出してください。

提出先：総務部人事課マイナンバー担当□□（03-1234-5678）

特定個人情報の適正な取扱いに関する基本方針

社会福祉法人○○会

　当法人は、特定個人情報等の適正な取扱いの確保について組織として取り組むため本基本方針を定めます。

1　事業者の名称
　社会福祉法人○○会

2　関係法令・ガイドライン等の遵守
　当法人は、「行政手続における特定の個人を識別するための番号の利用等に関する法律」、「個人情報の保護に関する法律」及び「特定個人情報の適正な取扱いに関するガイドライン（事業者編）」を遵守して、特定個人情報の適正な取扱いを行います。

3　安全管理措置に関する事項
　当法人は、特定個人情報の安全管理措置に関して、別途「特定個人情報取扱規程」を定めています。

4　ご質問等の窓口
　当法人における特定個人情報の取扱いに関するご質問やご苦情に関しては下記の窓口にご連絡ください。

【法人名】社会福祉法人○○会
【窓口の部署】総務部
【ＴＥＬ／Ｅメールアドレス】03-1234-5678

特定個人情報取扱規程	作成にあたっての注意点
第1章　総則 第1条（目的） 　本規程は、社会福祉法人○○会（以下、「当法人」という。）が個人番号及び特定個人情報の適正な取扱いを確保するために必要な事項を定めることを目的とする。 第2条（定義） 　本規程に掲げる用語の定義は、以下のとおりとする。なお、本規程で使用する用語は、本条又は本規程に特段の定めのない限り、行政手続における特定の個人を識別するための番号の利用等に関する法律（以下「番号法」という。）その他の関係法令に定める意味を有するものとする。 ①　「個人情報」とは、個人情報の保護に関する法律（以下「個人情報保護法」という。）第2条第1項に規定する個人情報であって、生存する個人に関する情報であり、当該情報に含まれる氏名及び生年月日その他の記述等により特定の個人を識別することができるもの（他の情報と容易に照合することができ、それにより特定の個人を識別することができることとなるものを含む。）をいう。 ②　「個人番号」とは、番号法第7条第1項又は第2項の規定により、住民票コードを変換して得られる番号であって、当該住民票コードが記載	※他の社内規程と合わせてご記載ください。

された住民票に係る者を識別するために指定されるものをいう。

③ 「特定個人情報」とは、個人番号（個人番号に対応し、当該個人番号に代わって用いられる番号、記号その他の符号であって、住民票コード以外のものを含む。）をその内容に含む個人情報をいう。

④ 「個人情報ファイル」とは、個人情報保護法第2条第2項に規定する個人情報データベース等であって行政機関及び独立行政法人等以外の者が保有するものをいう。

⑤ 「特定個人情報ファイル」とは、個人番号をその内容に含む個人情報ファイルをいう。

⑥ 「保有個人データ」とは、個人情報取扱事業者（個人情報ファイルを事業の用に供している者であって、特定個人情報ファイルを構成する個人情報によって識別される特定の個人の数の合計が過去6か月以内のいずれの日においても5,000を超えない者以外の者をいう。）が、開示、内容の訂正若しくは追加又は削除、利用の停止又は消去及び第三者への提供の停止を行うことのできる権限を有する特定個人情報であって、その存否が明らかになることにより公益その他の利益が害されるものとして個人情報保護法施行令で定めるもの又は6か月以内に消去することとなるもの以外のものをいう。

⑦ 「個人番号利用事務」とは、行政機関、地方公共団体及び独立行政法人等その他の行政事務を処理する者が番号法第9条第1項又は第2項の規定によりその保有する特定個人情報ファイル

において個人情報を効率的に検索し、及び管理するために必要な限度で個人番号を利用して処理する事務をいう。

⑧ 「個人番号関係事務」とは、番号法第9条第3項の規定により個人番号利用事務に関して行われる他人の個人番号を必要な限度で利用して行う事務をいう。

⑨ 「個人番号利用事務実施者」とは、個人番号利用事務を処理する者及び個人番号利用事務の全部又は一部の委託を受けた者をいう。

⑩ 「個人番号関係事務実施者」とは、個人番号関係事務を処理する者及び個人番号関係事務の全部又は一部の委託を受けた者をいう。

⑪ 「役職員」とは、当法人の役員、従業員（正社員、契約社員、嘱託社員、パート社員及びアルバイト社員とを問わない。）、その他当法人の組織内にあって直接又は間接に当法人の指揮監督を受けて当法人の業務に従事している者をいう。

⑫ 「事務取扱担当者」とは、当法人内において、個人番号を取り扱う事務に従事する者をいう。

⑬ 「事務取扱責任者」とは、特定個人情報の管理に関する責任を担うものをいう。

⑭ 「管理区域」とは、特定個人情報ファイルを取り扱う情報システムを管理する区域をいう。

⑮ 「取扱区域」とは、特定個人情報を取り扱う事務を実施する区域をいう。

第3条（適用範囲）
1　本規程は、当法人の役職員に適用する。

2　本規程は、当法人が取り扱う特定個人情報を対象
とする。

第4条（当法人が個人番号を取扱う事務の範囲）
　当法人が個人番号を取扱う事務の範囲は以下のとおりとする。
　　①　源泉所得税関連事務
　　②　地方税特別徴収関連事務
　　③　支払調書作成関連事務
　　④　雇用保険関連事務
　　⑤　健康保険・厚生年金保険関連事務
　　⑥　前五号に掲げる事項に付随する事務

※⑤はまだ始まっていないことにご注意ください。

第5条（当法人が取扱う特定個人情報の範囲）
1　前条において当法人が個人番号を取り扱う事務において使用される個人番号及び個人番号と関連付けて管理される特定個人情報は以下のとおりとする。
　①　役職員又は役職員以外の個人の個人番号及び個人番号と共に管理される氏名、生年月日、性別、住所
　②　役職員又は役職員以外の個人から、番号法第16条に基づく本人確認の措置を実施する際に提示を受けた本人確認書類（個人番号カード、通知カード及び身元確認書類等）及びこれらの写しの記載事項。
　③　当法人が行政機関等に提出するために作成した届出書類及びこれらの控えの記載事項。
　④　当法人が法定調書を作成するうえで役職員又は

※あらかじめ各法人においてご確認ください。マイナンバーと共に管理される個人情報は必要な範囲にとどめるべきでしょう。

役職員以外の個人から受領する個人番号が記載された申告書等の記載事項。
2 前項各号に該当するか否かが定かでない場合は、事務取扱責任者が判断する。

第2章　方針の周知

第6条（特定個人情報保護方針の制定）
　当法人は、以下の事項を含む特定個人情報の保護に関する方針を定め、これを役職員に周知しなければならない。
　① 当法人の名称
　② 安全管理措置に関する事項
　③ 番号法関連法令・ガイドラインの遵守
　④ 質問及び苦情処理の窓口

※公表している例も見られますが、公表は番号法上の義務ではありません。

第3章　組織体制

第7条（事務取扱責任者の業務等）
1 当法人における事務取扱責任者は、事務局長とする。ただし、当法人は、同等の役職者より適切な者を任命することができる。
2 事務取扱責任者は、特定個人情報の取扱いに関し、以下の業務を行うものとする。
　① 本規程第6条に規定する基本方針の策定、役職員への周知
　② 本規程（これに関する細則やマニュアルを含む。）の策定及び改訂並びに役職員への周知
　③ 委託先の選定基準の承認、委託先における特定個人情報の取扱状況の監督
　④ 管理区域及び取扱区域の設定及び見直し

※ここでは社会福祉法人を想定し、事務取扱責任者を事務局長としています。事務取扱責任者は、会社の取締役、法人の理事等の役員クラスや、最低でも部長クラスの者が責任者となるべきでしょう。

⑤ 利用申請の承認及び記録等の承認と管理を行う
こと

⑥ 特定個人情報の取扱状況の把握、点検

⑦ 事務取扱取扱担当者からの報告の徴求及び事務
取扱担当者への助言及び指導

⑧ 情報漏えい等事故発生時の事実確認、対応策の
策定及び実施

⑨ 特定個人情報の安全管理に関する教育及び研修
の企画

⑩ 特定個人情報の適正な取扱いのための諸施策の
策定及び実施

⑪ その他当社における特定個人情報の取扱いに係
る安全管理に関すること

3 事務取扱責任者は、監査責任者より監査報告を受
け、必要に応じて特定個人情報管理体制の改善を
行う。

第8条（取扱部署等）

1 当法人は、次の部署において、特定個人情報に関
する事務を行うものとする。

① 当法人の総務部人事課及び各施設の施設次長を、
役職員（扶養家族を含む）に係る個人番号関係
事務を行う部署とする。

② 当法人の総務部経理課を、役職員以外の個人に
係る個人番号関係事務を行う部署とする。

2 前項各号の部署の従業員を及び各部署において個
人番号が記載された書類等を受領する担当者を事
務取扱担当者とする。

第9条（事務取扱担当者の責務）

1　事務取扱担当者は、特定個人情報の取得、保管、利用、提供、開示、訂正、利用停止、廃棄等、特定個人情報を取扱う業務に従事する際、番号法及び個人情報保護法並びにその他の関連法令、特定個人情報の適正な取扱いに関するガイドライン（事業者編）（以下総称して、「番号法等関連法令」という。）、本規程及びその他の社内規程（以下「本規程等」という。）に従い、特定個人情報の保護に十分な注意を払ってその業務を行うものとする。

2　事務取扱担当者は、特定個人情報の漏えい等、番号法関連法令又は本規程等に違反している事実又はそのおそれを認識した場合、速やかに事務取扱責任者に報告するものとする。

3　各部門において個人番号が記載された書類等の受領をする事務取扱担当者は、個人番号の確認等必要な事務を行った後速やかに当該書類等を受け渡すこととし、自己の手元に個人番号が記載又は記録されたものを残してはならないものとする。

第10条（監査責任者）

1　監査責任者は、当法人の理事長が任命するものとする。

2　監査責任者は、定期的に監査を行い、その結果を理事長及び取扱責任者に報告する。

3　監査責任者は、特定個人情報の取扱いに関する監査に必要な監査担当者を選任することができる。

第11条（情報漏えい事故等への対応）

1 役職員は、特定個人情報の漏えい、滅失又は毀損
 による事故（以下「漏えい事故等」という。）が発
 生したことを知った場合又はその可能性が高いと
 判断した場合は、事務取扱責任者に直ちに報告す
 るものとする。
2 事務取扱責任者は、事実実関係の調査、再発防止
 策の検討を行い、理事会へ報告するものとし、理
 事会は、再発防止策の策定その他必要な措置を決
 定するものとする。
3 事務取扱責任者は、当該漏えい事案等の対象と
 なった情報主体に対して事実関係の通知、謝意の
 表明、原因関係の説明等を速やかに行うとともに、
 関係当局に対して必要な報告を速やかに行う。
4 事務取扱責任者は、漏えい事案等が発生したと判
 断した場合は、その事実を本人に通知するととも
 に、必要に応じて公表する。

第4章 点検

第12条（運用の確認、本規程に基づく運用状況の記録）
 事務取扱担当者は、本規程に基づく運用状況を確認
するため、次に掲げる事項につき、システムログ及び
利用実績を記録するものとする。

① 特定個人情報の取得及び特定個人情報ファイル
 への入力状況
② 特定個人情報ファイルの利用・出力状況の記録
③ 特定個人情報が記載又は記録された書類等の媒
 体の持出しの記録
④ 特定個人情報ファイルの削除・廃棄記録
⑤ 削除・廃棄を委託した場合、これを証明する記

録等

⑥ 特定個人情報ファイルを情報システムで取り扱う場合、事務取扱担当者の情報システムの利用状況（ログイン実績、アクセスログ等）の記録

第13条（取扱状況の確認手段）
　事務取扱担当者は、特定個人情報ファイルの取扱状況を確認するための手段として、特定個人情報管理台帳に次に掲げる事項を記録するものとする。なお、特定個人情報管理台帳には、特定個人情報は記載しないものとする。

　　① 特定個人情報ファイルの種類、名称
　　② 利用目的
　　③ 事務取扱担当者、取扱部署
　　④ 記録媒体
　　⑤ 保存期間
　　⑥ 削除・廃棄状況
　　⑦ 管理区域
　　⑧ 取扱区域

第14条（監査の実施）
1　監査責任者は、当法人における特定個人情報の取扱いが番号法関連法令、本規程等と合致していることを定期的に又は必要に応じ監査する。
2　監査責任者は、特定個人情報の取扱いに関する監査結果を代表者及び事務取扱責任者に報告する。

第5章　特定個人情報の取得

第15条（特定個人情報の適正な取得）

※事務取扱責任者が行う点検に加え、内部の監査責任者による監査を行う場合を想定しています。
※点検や監査は最低でも年に１回以上行うべきでしょう。

当法人は、特定個人情報の取得を適法かつ公正な手段によって行うものとする。

第16条（特定個人情報の利用目的）
　当法人が、役職員又は第三者から取得する特定個人情報の利用目的は、第4条に掲げた個人番号を取り扱う事務の範囲内とする。

第17条（特定個人情報の取得時の利用目的の通知等）
1　当法人は、特定個人情報を取得した場合は、あらかじめその利用目的を公表している場合を除き、速やかに、その利用目的を本人に通知し又は公表しなければならない。この場合において、「通知」の方法については、原則として書面（電磁気方法により表示する場合を含む。以下同じ。）によることとし、「公表」の方法については、事務所の掲示版への書面の掲示・備付け、インターネット上のホームページ等での公表等適切な方法によるものとする。また、当法人の役職員から特定個人情報を取得する場合には、別紙書面「マイナンバーの提示のお願い」を交付する方法により通知する。
2　当法人は、利用目的の変更を要する場合、当初の利用目的と相当の関連性を有すると合理的に認められる範囲内で利用目的を変更して、本人への通知し又は公表することにより、変更後の利用目的の範囲内で特定個人情報を利用することができる。

第18条（個人番号の提供の要求）
1　当法人は、第4条に掲げる事務を処理するために

必要がある場合に限り、本人又は他の個人番号関係事務実施者若しくは個人番号利用事務実施者に対して個人番号の提供を求めることができるものとする。

2　役職員又は第三者が、当社の個人番号の提供の要求又は第22条に基づく本人確認に応じない場合には、番号法に基づくマイナンバー制度の意義について説明をし、個人番号の提供及び本人確認に応ずるように求めるものとする。それにもかかわらず、役職員又は第三者が個人番号の提供に応じない場合は、提供を求めた経緯等を当社所定の書面に記録し、又は電磁的方法により記録するものとする。

第19条（個人番号の提供を求める時期）
1　当法人は、第4条に定める事務を処理するために必要があるときに個人番号の提供を求めることとする。
2　前項にかかわらず、本人との法律関係等に基づき、個人番号関係事務の発生が予測される場合には、契約を締結した時点その他当該事務の発生が予想できた時点で個人番号の提供を求めることが可能であるものとする。

第20条（特定個人情報の提供の求めの制限）
　当法人は、番号法第19条各号のいずれかに該当し特定個人情報の提供を受けることができる場合を除き、特定個人情報の提供を求めてはならない。

※「提供」とは、法的な人格を超える特定個人情報の移動を意味するものであり、同一法人の内部等の法的な人格を超えない特定個人情報の移動は「提供」ではなく「利用」に該当します。この場合は、個人番号の利用制限（本規程第23条）に従うべきことになります。

第21条（特定個人情報の収集制限）
　当法人は第４条に定める事務の範囲を超えて、特定個人情報を収集しないものとする。

第22条（本人確認）
　当法人は番号法第16条に定める各方法により、役職員又は第三者の個人番号の確認及び当該人の身元確認を行うものとする。ただし、役職員については、原則として別紙書面「マイナンバーの提示のお願い」に定める方法によるものとする。また、代理人については、同条に定める各方法により、当該代理人の身元確認、代理権の確認及び本人の個人番号の確認を行うものとする。

第６章　特定個人情報の利用

第23条（個人番号の利用制限）
1　当法人は、個人番号を第19条に掲げる利用目的の範囲内でのみ利用するものとする。
2　当法人は、人の生命、身体又は財産の保護のために必要がある場合を除き、本人の同意があったとしても、利用目的を超えて特定個人情報を利用してはならないものとする。

第24条（特定個人情報ファイルの作成の制限）
　当法人は、第４条に定める事務を実施するために必要な範囲を超えて特定個人情報ファイルを作成してはならないものとする。

第7章　特定個人情報の保管

第25条（特定個人情報の正確性の確保）

　当法人は、特定個人情報を、第19条に掲げる利用目的の範囲において正確かつ最新の状態で管理するよう努めるものとする。

第26条（保有個人データに関する事項の公表等）

　当法人は、個人情報保護法第24条に基づき、特定個人情報に係る保有個人データに関する事項を本人の知り得る状態に置くものとする。

第27条（特定個人情報の保管制限）

1　当法人は、第4条に定める事務の範囲を超えて、特定個人情報を保管してはならない。
2　当法人は、番号法上の本人確認の措置を実施する際に提示を受けた本人確認書類（個人番号カード、通知カード及び身元確認書類等）の写し、当法人が行政機関等に提出する申告書の控え及び当該申告書を作成するうえで事業者が受領する個人番号が記載された申告書等を特定個人情報として保管するものとする。これらの書類については、法定調書の再作成を行うなど個人番号関係事務の一環として利用する必要があると認められるため、関連する所管法令で定められた個人番号を記載する書類等の保存期間を経過するまでの間保存することができる。

第8章　特定個人情報の提供

第28条（特定個人情報の提供制限）

当法人は、番号法第19条各号に掲げる場合を除き、本人の同意の有無に関わらず、特定個人情報を第三者に提供しないものとする。

第9章　特定個人情報の廃棄・削除
第29条（特定個人情報の廃棄・削除）
　当法人は第4条に規定する事務を処理する必要がある範囲内に限り特定個人情報を収集又は保管し続けるものとする。なお、書類等について所管法令によって一定期間保存が義務付けられているものについては、これらの書類等に記載された個人番号についても、その期間保管するものとし、それらの事務を処理する必要がなくなった場合で、所管法令において定められている保存期間を経過した場合には、個人番号をできるだけ速やかに廃棄又は削除するものとする。

第10章　安全管理措置
第1節　物理的安全管理措置
第30条（特定個人情報を取り扱う区域の管理）
　当法人は管理区域及び取扱区域を明確にし、それぞれの区域に対し、次に掲げる方法に従い以下の措置を講じる。
　① 管理区域
　　入退室管理及び管理区域へ持ち込む機器及び電子媒体等の制限を行うものとする。
　② 取扱区域
　　可能な限り壁又は間仕切り等を設置し、又は事務取扱担当者以外の者の往来が少ない場所、若しくは後ろから覗き見される可能性が低い

場所への座席配置等をするなど座席配置を工夫するものとする。

第31条（機器及び電子媒体等の盗難等の防止）
　当法人は管理区域及び取扱区域における特定個人情報を取り扱う機器、電子媒体又は書類の盗難又は紛失等を防止するために、施錠できるキャビネット・書庫等に保管し、又はセキュリティワイヤーにより固定する。

第32条（電子媒体等を持ち出す場合の漏えい等の防止）
1　当法人は特定個人情報が記録された電子媒体又は書類の持出しは、次に掲げる場合を除き禁止する。なお、「持出し」とは、特定個人情報を、管理区域又は取扱区域の外へ移動させることをいい、当法人事業所内での移動等も持出しに該当するものとする。
　①　当法人が番号法及び本規程に従って個人番号関係事務を委託した委託先に、委託事務を実施する上で必要と認められる範囲内でデータを提供する場合
　②　行政機関等への届出書類の提出等、当法人が実施する個人番号関係事務に関して個人番号利用事務実施者に対しデータ又は書類を提出する場合
2　前項により特定個人情報が記録された電子媒体又は書類の持出しを行う場合には、以下の安全策のうち適切なものを講じるものとする。ただし、行政機関等に法定調書等をデータで提出するに当

たっては、行政機関等が指定する提出方法に従う
ものとする。
（1）特定個人情報が記録された電子媒体を安全
　　に持ち出す方法
　　①　持出しデータの暗号化
　　②　持出しデータのパスワードによる保護
　　③　施錠できる搬送容器の使用
（2）特定個人情報が記載された書類を安全に持
　　ち出す方法
　　・　封緘又は目隠しシールの貼付

第33条（記録媒体等の廃棄・削除）
1　特定個人情報の廃棄・削除段階における記録媒体
　の管理は次のとおりとする。
　①　事務取扱担当者は、特定個人情報が記録された
　　書類を廃棄する場合、シュレッダー等による記
　　載内容が復元不能までの裁断、自社又は外部の
　　焼却場での焼却・溶解等の復元不可能な手段を
　　用いるものとする。
　②　事務取扱担当者は、特定個人情報が記録された
　　機器及び電子媒体を廃棄する場合、専用データ
　　削除ソフトウェアの利用又は物理的な破壊等に
　　より、復元不可能な手段を用いるものとする。
　③　事務取扱担当者は、特定個人情報ファイル中の
　　個人番号又は一部の特定個人情報を削除する場
　　合、容易に復元できない手段を用いるものとす
　　る。
　④　特定個人情報を取り扱う情報システムにおいて
　　は、当該関連する届出書類等の法定保存期間経

過後速やかに個人番号を削除するよう情報システムを構築するものとする。

⑤　個人番号が記載された書類については、当該関連する届出書類の法定保存期間経過後速やかに廃棄をするものとする。

2　事務取扱担当者は、個人番号若しくは特定個人情報ファイルを削除した場合、又は電子媒体等を廃棄した場合には、削除又は廃棄した記録を保存するものとする。削除・廃棄の記録としては、特定個人情報ファイルの種類・名称、責任者・取扱部署、削除・廃棄状況を記録するものとし、個人番号自体は含めないものとする。

第2節　技術的安全管理措置

第34条（アクセス制御）

　特定個人情報へのアクセス制御は以下のとおりとする。

①　個人番号と紐付けてアクセスできる情報の範囲をアクセス制御により限定する。

②　特定個人情報ファイルを取り扱う情報システムを、アクセス制御により限定する。

③　ユーザーIDに付与するアクセス権により、特定個人情報ファイルを取り扱う情報システムを使用できる者を事務取扱担当者に限定する。

第35条（アクセス者の識別と認証）

　特定個人情報を取り扱う情報システムにおいては、ユーザーID、パスワード等の識別方法により、事務取扱担当者が正当なアクセス権を有する者であること

※いずれもガイドライン（事業者編）に例示されている方法であり、これらに限られるものではありません（逆に、これらのすべてを取り入れなければいけないわけではありません）。また、すべて紙で管理する場合、本節は不要となります。

※ガイドラインでは、磁気・ICカードも挙げられています。

を、識別した結果に基づき認証するものとする。

第36条（外部からの不正アクセス等の防止）
　当法人は、次に掲げる方法のうち適切な方法を取ることにより、情報システムを外部からの不正アクセス及び不正ソフトウェアから保護するものとする。
　　①　情報システムと外部ネットワークとの接続箇所に、ファイアウォールを設置し、不正アクセスを遮断する方法
　　②　情報システム及び機器にセキュリティ対策ソフトウェア（ウイルス対策ソフトウェア等）を導入する方法
　　③　導入したセキュリティ対策ソフトウェアにより、入出力データにおける不正ソフトウェアの有無を確認する方法。
　　④　機器やソフトウェアに標準装備されている自動更新機能等の活用により、ソフトウェアを最新状態とする方法
　　⑤　ログ等の分析を定期的に行い、不正アクセス等を検知する方法

第37条（情報漏えい等の防止）
　当法人は、特定個人情報をインターネット等により外部に送信する場合、次に掲げる方法により通信経路における情報漏えい等及び情報システムに保存されている特定個人情報の情報漏えい等を防止するものとする。
　　①　通信経路における情報漏えい等の防止策通信経路の暗号化

② 情報システムに保存されている特定個人情報の
　情報漏えい等の防止策データの暗号化又はパス
　ワードによる保護

第3節　役職員の監督

第38条（役職員の監督）
　当法人は、役職員が特定個人情報を取り扱うに当た
り、必要かつ適切な監督を行う。

第4節　委託先の監督

第39条（委託先の監督）
1　当法人は、個人番号関係事務又は個人番号利用事
　務の全部又は一部の委託をする場合には、当法人
　自らが果たすべき安全管理措置と同等の措置が委
　託先において適切に講じられるよう、必要かつ適
　切な監督を行うものとする。
2　当法人は、委託先の選定にあたっては、次に掲げ
　る事項について特定個人情報の保護に関して当法
　人が定める水準を満たしているかについて、あら
　かじめ確認する。
　① 設備
　② 技術水準
　③ 役職員に対する監督・教育の状況
　④ 経営環境状況
　⑤ 特定個人情報の安全管理の状況（「個人番号を取
　　り扱う事務の範囲の明確化」、「特定個人情報の範
　　囲の明確化」、「事務取扱担当者の明確化」及び「個
　　人番号の削除、機器及び電子媒体等の廃棄」等を
　　含む。）

3　当法人は、委託先との間の契約の内容として、次に掲げる規定を盛り込むものとする。
　①　委託先が秘密保持義務を負うこと
　②　事業所内からの特定個人情報の持出しの禁止
　③　特定個人情報の目的外利用の禁止
　④　再委託には当法人の事前の許諾が必要であること及び許可を得て再委託する場合の条件
　⑤　漏えい事案等が発生した場合の委託先の責任
　⑥　委託契約終了後の特定個人情報の返却又は廃棄の義務とその方法
　⑦　委託先が役職員に対する監督・教育を行うこと
　⑧　契約内容の遵守状況について報告を求めることができること
　⑨　特定個人情報を取り扱う役職員を明確にすること
　⑩　委託者が委託先に対して実地の調査を行うことができること
4　当法人は、委託先において特定個人情報の安全管理が適切に行われていることについて、年に一回及び必要に応じて、報告を求め又は実地調査を行うものとする。

第40条（再委託）
1　委託先は、当法人の事前の許諾を得た場合に限り、委託を受けた個人番号関係事務又は個人番号利用事務の全部又は一部を再委託することができるものとする。再委託先が更に再委託する場合も同様とする。
2　当法人は、委託先が再委託をする場合、委託先を

※その他、委託先との契約には、暴力団排除条項（委託先が暴力団等の反社会的勢力である場合には、契約を解除できるとの条項）を入れるべきでしょう。

して、当該再委託に関する契約の内容として、前条第3項と同等の規定等を盛り込ませるものとする。

3 当法人は、再委託先の適否の判断のみならず、委託先が再委託先に対しても必要かつ適切な監督を行っているか否かについても監督する。

第11章　特定個人情報の開示、訂正等、利用停止等

第41条（特定個人情報の開示）

1 当法人は、本人から特定個人情報について開示を求められた場合は、番号法関連法令に従い、遅滞なく当該情報の情報主体であることを厳格に確認した上で、当該本人が開示を求めてきた範囲内でこれに応ずるものとする。なお、当該本人に法定調書の写しを送付する際、法定調書の写しに本人以外の個人番号が含まれている場合には、その部分についてはマスキング等を施すものとする。

2 当法人は、前項の規定に基づき開示を求められた特定個人情報の全部又は一部について開示しない旨の決定をしたときは、本人に対し、遅滞なくその旨を通知するものとする。

第42条（特定個人情報の訂正等）

1 当法人は、特定個人情報の内容が事実でないことを理由に当該本人から訂正、追加又は削除を求められた場合は、番号法関連法令に従い、遅滞なく必要な調査を行い、その結果に基づきこれに応ずることとする。

2 当法人は、前項の規定に基づき訂正等を求められ

た特定個人情報の全部又は一部について訂正等を行ったとき、又は訂正等を行わない旨の決定をしたときは、当該本人に対し、遅滞なくその旨を通知するものとする。

第43条（特定個人情報の利用停止等）

1　当法人は、本人から、特定個人情報が、個人情報保護法第16条の規定に違反して利用目的の達成に必要な範囲を超えて利用されたこと、又は個人情報保護法第17条の規定に反して不正な手段により取得されたものであることを理由として、特定個人情報の利用の停止又は消去（以下「利用停止等」という。）を求められた場合、番号法関連法令に従い、遅滞なく特定個人情報の利用停止等を行わなければならない。但し、利用停止等を行うことに多額の費用を要する場合その他の利用停止等を行うことが困難な場合であって、当該本人の権利利益を保護するため必要なこれに代わるべき措置をとるときは、この限りではない。

2　当社は、本人から特定個人情報が番号法第19条に違反して第三者に提供されていること等を理由により、特定個人情報の第三者への提供の停止を求められた場合、番号法関連法令に従い、遅滞なく特定個人情報の第三者への提供を停止しなければならない。

3　前二項の規定に基づき求められた利用停止等又は第三者への提供の停止の全部又は一部を行ったとき若しくは行わない旨の決定をしたときは、本人に対し、遅滞なくその旨を通知するものとする。

第44条（開示等を求める手続及び手数料）

1 当法人は、特定個人情報に関して、開示、訂正等、利用停止等の求めを受け付ける方法を定めた場合には、「個人情報保護基本方針」と一体としてインターネットのホームページで常時掲載を行い、又は事務所の窓口等での掲示・備付け等を行うこととする。

2 開示等の求めをする者が本人又は代理人であることの確認の方法を定めるに当たっては、十分かつ適切な確認手続とするよう留意する。

3 個人情報保護法第30条に従い、手数料を徴収する場合には、同様の内容の開示等手続の平均的実費の予測に基づき、合理的な手数料額を算定する等の方法により、実費を勘案して合理的であると認められる範囲において手数料の額を定めなければならない。

第12章　教育

第45条（役職員の教育）

　当法人は、役職員に対して本規程を遵守させるために、定期的な研修の実施及び情報提供等を行い、特定個人情報の適正な取扱いを図るものとする。

第13章　特定個人情報に関する事務の委託

第46条（役職員への国民年金第３号被保険者の個人番号の収集・本人確認の委託）

　当社は、役職員に対して、当該役職員の配偶者であって国民年金第３号被保険者である者からの個人番号の収集及び本人確認を委託する。役職員は、当法人が別

※役職員に対して、配偶者であって国民年金第３号被保険者の個人番号の収集等

途定める様式に当該配偶者の個人番号を記入し、本人確認書類と共に、封緘の上で会社に持参するものとする。

第14章　苦情および相談

第47条（苦情等への対応）

1　当法人は、当法人における特定個人情報の取扱いに関する苦情等に対する窓口を事務取扱責任者とする。役職員は、番号法関連法令又は本規程等に関し、苦情の申出があった場合、その旨を事務取扱責任者に報告する。

2　報告を受けた事務取扱責任者は、適切に対応するものとする。

第15章　見直し

第48条（代表者による見直し）

　当法人の代表者は、監査の結果及びその他の経営環境等に照らして、適切な特定個人情報の適切な管理を維持するために、定期的に特定個人情報の取扱いに関する安全対策および諸施策について見直しを行い、改善を図るものとする。

第16章　その他

第49条（罰則）

　当法人は、本規程に違反する行為を行った役職員は、当法人の就業規則に従い、懲戒解雇を含む処分、損害賠償請求の対象にすることがある。

第50条（疑義）

の事務を委託する構成を取る場合このような規定を入れ、整理しておくとよいでしょう。

※平成27年の個人情報保護法改正、番号法改正が施行されるタイミングで、定義だけでなく、本規程全体を見直すようにしましょう。

この規程に疑義が生じた場合は、事務取扱責任者に確認する。

第51条（所管）
　この規程は事務取扱責任者が所管し、規程を改定する場合理事会の承認を経るものとする。

平成28年1月1日　制定

■著者紹介

佐藤 有紀 (さとう ゆき)
弁護士
一橋大学法学部（私法課程）卒業、University of Southern California Gould Law School（LL. M.）卒業。
2005年10月弁護士登録、2012年4月米国 New York 州弁護士登録。外資系渉外事務所等を経て、2013年10月より弁護士法人苗村法律事務所（現弁護士法人虎門中央法律事務所）。
主な取扱分野は、個人情報や営業秘密等、企業の情報管理体制の構築や国際取引を含む企業法務全般。企業の外部委員や社外監査役等も務める。
近時の著作として「契約交渉からＰＭＩまでＭ＆Ａで個人情報を取り扱う際の注意点」旬刊経理情報1435号（中央経済社・2016年）、『最新！ここまでわかった企業のマイナンバー実務Ｑ＆Ａ』（共著）（日本法令・2015年）等がある。

李 顕史 (り けんじ)
公認会計士、税理士
1973年生まれ。1998年一橋大学商学部卒業。
2000年10月公認会計士試験２次試験合格。中央青山監査法人（現あらた監査法人）金融部入所。2010年３月李総合会計事務所設立。主な取扱分野として連結会計、マイナンバー、金融がある。日本公認会計士協会東京会研修委員会副委員長（2015年度）。数字が苦手な人向けに、分かりやすく説明することで好評を得ている。

日下部 理絵 (くさかべ りえ)
マンション管理士
第１回マンション管理士・管理業務主任者試験に合格後、マンション管理会社での勤務を経て、マンションの総合コンサルタント事務所「オフィス・日下部」を設立。女性ならではの視点で、管理組合の相談・顧問業務、書籍等の執筆、行政・民間が主催する様々なセミナーに登壇。さらに、テレビ出演・ラジオのパーソナリティ等、幅広く活躍中。
著書に『最新版マンション理事になったらまず読む本』（実業之日本社・2011年）、『目指せ！マンション管理員』（住宅新報社・2012年）、『マンション管理組合・管理会社 これからのマンション管理ガイド』（ぱる出版・2014年）、『マンションの設備・管理が一番わかる』（技術評論社・2016年）、『マンション管理実務のための区分所有法』（共著）（早稲田経営出版・2012年）、『まるわかりスマートマンション』（共著）（住宅新報社・2015年）『マンション建替えがわかる本 円滑化法改正でこう変わる！』（共著）（学芸出版社・2015年）等がある。

安中　繁（あんなか　しげる）
特定社会保険労務士
1977年生まれ。立教大学社会学部卒業。
2007年3月社会保険労務士登録、安中社会保険労務士事務所設立、2015年4月ドリームサポート社会保険労務士法人に改組。
主な取扱分野として労働保険・社会保険にかかる事業主適用給付事務の代理、公的年金等社会保障にかかる個人手続の代理を行う。東京都社会保険労務士会理事。

久保田　慎平（くぼた　しんぺい）
社会保険労務士
1983年横浜生まれ。
社会保険労務士事務所エスパシオで4年間の実務経験を積んだ後、2015年4月社会保険労務士事務所人事労務アシストを開業。
東京・神奈川の中小企業を中心に就業規則の作成・変更から従業員説明会までをサポートする。過去に手掛けた就業規則等の数は延べ100件以上。就業規則や社内ルールを整備して従業員へしっかり伝え、共有することが人材の定着や会社の発展につながるという考えのもと日々活動している。助成金情報サイトでもコラムを執筆する等、助成金コンサルティングにも力を入れている。

阿毛　裕理（あもう　ゆり）
看護師、保健師、行政書士資格者
1984年生まれ。2007年宮城大学看護学部卒業。
循環器内科にて看護師として勤務後、行政書士ＡＡ法務事務所・株式会社ＡＡパートナーズを共同設立。医療法人・診療所・介護事業所の経営支援を主な取扱分野とし、他士業連携によるワンストップサービスを強みとする。

各種法人の？に答える
現場が知りたい マイナンバー実務対応

2016年6月30日　発行

著　者　　佐藤 有紀／李 顕史／日下部 理絵　Ⓒ
　　　　　安中 繁／久保田 慎平／阿毛 裕理

発行者　　小泉 定裕

発行所　　株式会社 清文社

東京都千代田区内神田1－6－6（MIF ビル）
〒101-0047　電話 03（6273）7946　FAX 03（3518）0299
大阪市北区天神橋2丁目北2－6（大和南森町ビル）
〒530-0041　電話 06（6135）4050　FAX 06（6135）4059
URL http://www.skattsei.co.jp/

印刷：亜細亜印刷㈱

ISBN978-4-433-64266-2